浙江少年文学新星丛书·第六辑

海飞　主编

不解藏踪迹

王家毅　著

吉林文史出版社
JILINWENSHICHUBANSHE

图书在版编目（CIP）数据

不解藏踪迹 / 王家毅著. -- 长春 : 吉林文史出版社, 2020.5（2022.2）

ISBN 978-7-5472-6896-4

Ⅰ. ①不… Ⅱ. ①王… Ⅲ. ①作文－小学－选集 Ⅳ. ①H194.4

中国版本图书馆CIP数据核字（2020）第075828号

不解藏踪迹

BUJIECANGZONGJI

著　　者：王家毅
责任编辑：柳永哲
封面设计：四川悟阅文化传播有限公司
出版发行：吉林文史出版社有限责任公司
地　　址：长春市净月区福祉大路5788号　　邮编：130118
电　　话：0431-81629363（总编室）　0431-81629372（发行科）
网　　址：www.jlws.com.cn
印　　刷：三河市嵩川印刷有限公司
经　　销：全国新华书店
开　　本：210mm×145mm　1/32
印　　张：6.75
字　　数：130千字
版　　次：2020年5月第1版　2022年2月第2次印刷
定　　价：36.00元
书　　号：ISBN 978-7-5472-6896-4

12岁，浙江省衢州市实验学校六年级学生。小提琴八级优秀，校“三好学生”“百优学生”，浙江省第六届“威克多杯”胜利少年乙组男单亚军。获奖征文：《给姨娘的一封信》《请珍惜那宝贵的水资源》《文明你我他》。发表文章：《观察蚯蚓》。

第一次爬山得第一名

我是爬树高手

CS战士

跆拳道白带升黄带

4x100米接力第一并破校纪录

拉个琴助助兴

参加英语演讲培训

我和羽毛球

滑冰

游学斯里兰卡

骑自行车锻炼身体

安慰弟弟

我们与陈大胖

折腾老爸

绘画作品

少年王家毅，瘦，且小。

少年王家毅，慧，且黠。

少年王家毅，坚，且韧。

三年前，羽动俱乐部的桃子把他推荐给我的时候，说："这是一个很好的苗子，打球有一股子不服输的劲头，也很能吃苦。"然后，我惊喜地发现他在学习上也有一股子拼劲、一股子灵气。

渐渐地，我开始喜欢阅读这个小小少年的文字了。每周，我都期待着与他思维碰撞的时刻，因为总能擦出最绚丽的火花；每周，我都期待着批阅他的文字，因为总能带给我非同一般的惊喜。

他的笔下，有父母的慈爱，有弟弟的憨态可掬；他的笔下，有打羽毛球的坚持与艰辛；他的笔下，有奇妙的甜蜜国、神奇的手机雨；他的笔下，有少年的自负与忧伤；他的笔下，有校园的喧闹、孩子的友情……文字中的真诚与灵性几欲突破纸页奔腾而出。

家毅的文字，是有生命力的，它们在薄薄的方格纸上跳跃着、舞蹈着，记叙着这世间美好的一切。

生活需要什么？家毅说，生活需要目标。

士不可以不弘毅，男儿之志当拿云。亲爱的家毅，有目标、有志向、有灵气、有行动的你，是我心目中真正的男子汉！

江映晖

2019年5月14日

亲爱的小听:

提笔千头万绪，不知从何说起。自从有你，我们的世界有一半成了听仔色[1]。

小时候，你白白胖胖，成天眉开眼笑，迷倒一大片。在人堆里混大的你能说会唱，机灵得不得了。不满两周岁，犯错误，竟然改编《世上只有妈妈好》哄得盛怒的阿婆喜上眉梢。陌生的歌曲你也得心应手，只要听几遍就能唱。记得“怒……发……冲……冠……”，你唱个字，就要续口气，却一点儿不跑调。好后悔怎么就没给你录下来，那一定是绝版的童音《满江红》。那时候，你是我们的高级玩具，完全顺着你自己的意愿发展。你可以在煤堆里把自己玩成小黑人，也可以跟着大妈们唱婺剧；你可以不顾形象只穿个兜兜到处晃，也可以里长外短随性胡搭；你可以不喜欢学就换你喜欢的，也可以满口龙游腔……

可好景不长，你要上学了，开始只准说普通话，守各种规矩，接受各式惩罚。更不得了的是，你父母（尤其是你妈）结识了一批十分优秀的爸爸妈妈。从此有了各种优秀的“镜子”对你虎视眈眈，拉小提琴、唱歌、打羽毛球、画画、朗诵……各种兴趣班轮番轰炸。你非常争气地替父母努力着，一项项荣誉，让我们的脸上金光闪闪。

现在你似乎已习惯了为优秀而忙碌，甚至在学习上开始有自我要求，又增加学业上的补习班，真的是太忙了，整周没有一个完整的休息日。

儿子，你如此努力，我们本应欣慰，可你让自己这么忙，都没时间瞎玩了。你这样能坚持多久？比起昙花一现的优秀（当然，这只是我们的担心，如果你觉得自己是有长久计划的，请忽略），我们更希望远在将来的你，越活越精彩！

初中已在向你招手。也许，你要住校了，希望不在我们身边的你自律：

1.坚持有规律地锻炼，坚持科学的饮食和生活习惯，练就健康强壮的体魄。

2.坚持自己的兴趣爱好，结交良友，锻炼自己卸下烦恼、轻装上阵的能力。

3.有几个长远的目标，有分步骤完成的行动。

4.认准的事，要坚持，不轻言放弃！

儿子，无论你将来怎样，去向哪里，永远都是我们最爱的小听。没有挫折的人生是不完整的。历尽磨难得到的成功是最可贵的！你记住：跌倒了，一定要爬起来！因为你努力向前的样子是那么帅！你摔疼了，还有我们在，爸爸妈妈愿做你的止痛药！

爱你的爸妈，还有小和和

2019年5月14日

注：[1]听仔是家毅小名，“听仔色”是借用了我们的地方话，指他成了我们的重中之重。

老师评语

王家毅在我眼中一直都是文字的精灵。他的文字中有对生活的热爱、对亲人的感恩、对自己的期盼。最简单明了的字词相连，表达最真诚丰盈的情感。

姜小丽

无论在课堂上还是在球场上，你都拥有如同库里一样不服输的精神，在生活中，你总是一副笑嘻嘻的样子，有的时候你看起来漫不经心，但老师知道，你的心底正在积蓄力量，青春无悔。加油吧！老师相信你不会平凡。

陈文涛

为师眼里，你最完美。懂事能干，顾全大局。管理班级，方法独到，刚柔并济，颇得人心。

羽球训练，刻苦耐劳，顽强毅力，制胜法宝。时间安排，科学高效，敢拼敢闯，名列前茅！

叶秀珍

他是一个很不错的男孩儿。学习很好，多才多艺，幽默，性格又好，对任何人都很和善，有许多好朋友，人缘超级好。他常常和几个伙伴一起讨论各种题目，在快乐中学习，他的家庭作业都是在学校中完成的，一点儿不浪费学习时间。愿他越来越好。

俞沛岑

他是个阳光男孩儿，不但学习一流，运动起来更是魅力十足，会踢足球，能打篮球，羽毛球更厉害。拉起小提琴来有一番高雅气派。他办事能干，乐于助人，组织能力又强，是我们的班长，十分“全能”。在我眼中，他是没心没肺的傻男孩儿，和谁都能相处好，大家都喜欢他。

叶语菲

他是班上能力顶级的翻译，一些陌生单词，他都能准确读出。更重要的是，他总是无私地帮助我们提升英语能力。我特别感谢他。

徐包馨怡

他是我们的班长，也是我们的同桌，学习起来十分认真，是老师的得力助手，课后又十分爱动，十分全能。与人相处，他总是笑脸相迎，令人温暖万分。

吴瀚文、杨奇鑫

他是大家的好班长，更是大家的好兄弟。他既是我的榜样，也是我的竞争对手。他上下课判若两人，上课时严肃认真，一下课，立马称兄道弟，玩得很开心。

陈渊哲

内容简介

此书收录作者9~12岁的部分作文。内容包括“笔下人物”“我爱观察”“我爱羽毛球”“情绪直播”“思考小记”“琐事小记”“活动回放”“感悟阅读”“情系家乡”“偶试小说”十个板块。体裁涵盖散文、小说、诗歌、剧本、书信。以幽默的笔调刻画好友、同学、师长，奇闻趣事令人忍俊不禁，情深义重跃然纸上。毫无保留地将对兴趣爱好、对自我、对生活的观察、审视、思考诉诸笔端，个性且诙谐，稚气而有思想，是一名小学生对自己成长过程中所见所闻的真实呈现，对个体体验的细腻记录以及对家国情怀的独特领悟，更是一个孩子写作能力成长过程的见证。

目录

CONTENTS

琐事小记

活动回放

笔下人物

提到陈文涛，我只想呵呵

陈文涛是我学习生涯中的一位奇葩数学老师。他个子高高的，身体十分“强壮”，走起路来带着一阵风。头类似于土豆，从背面看，永远是歪的，十分滑稽。他十分幽默，有意或无意中都会产生笑点。如果，你认为他是一个完美教师，我就两个字回答：呵呵！

他做过的引人发笑、奇葩的事数不胜数，在此，我就来解读三个！

一、课上“结巴”

身为一名数学老师，又有着丰富的教学经验，我们的“陈大胖”应该思路敏捷！可是，“丁零零”，上课铃响了，“陈大胖”夹着一本数学书大步流星地走进教室：“上课！”同学们忙起立，鞠躬，坐下。“同学们，今天我们来讲质数与合数……”25分钟后，这场笑话正式拉开序幕：“同学们，经过学习，你们应该已经了解质数与合数了吧！现在把100以内的质数背下去，要背！！”他停了一会儿，等同学们拿出笔、本子后，他背道：“2，3，5，7，11，13，17……53，5……5……”他结巴了，“5……”一分钟过去了，同学们看着陈老师的样子不禁哄堂大笑：他双眼往上看，嘴里默念着，唇瓣有些微颤，左手握着满是粉尘的黑板擦，右手拿着因用力过猛折成两段而只剩其中半截的粉笔。同学们笑得前仰后合。“我想到了！”他突然间兴奋地大喊，“……咦不对！”同学们“唰”一下安静了一下，可后半句一出，教室的房顶差点儿被掀：有的大拍桌子，有的捧着肚子笑瘫在椅背上，有的甚至趴到了地上。沉思的“陈大胖”仿佛受到了感染，咧开嘴，露出白色的大牙，也笑了。

你说身为数学老师的他思维敏捷？我就——呵呵！

二、雪中“奇葩”

1月份寒假结束，开学啦！雪花从天而降，马路、大树等都披上了雪白的大衣，河水都进入了冬眠……人们被严寒逼迫着穿上厚袄，戴上帽子、手套。

学校的操场成了打雪仗的好地方。吃过饭，同学们就和“敬爱”的“陈大胖”开战了：只见他把大手插进雪里，掏出了一大团雪，轻轻地捏了捏，就做成大大的雪球。他上半身向后一仰，马上像被压迫的弹簧一样回弹，雪球“嗖”地飞奔而出。几个扎堆的同学猝不及防吃了当头一球，却只能看着一脸灿烂的“陈大胖”干生气，他们的雪球还没成形呢！就快要完成时，又一颗“炮弹”飞了过来。百发百中啊，他开心得一蹦三尺高。同学们一看“合体”不成，赶紧分开，每人抓起一小块雪就砸他，人多力量大，他被打得晕头转向，忙喊：“谁打我，作业本抄一遍！”谁想抄？同学们立马停手，趁着这个时机，“陈大胖”拿起几个雪球噼里啪啦朝同学们乱砸一通。面前没雪了，迈开大长腿就开溜。等同学们缓过神来，“陈大胖”早已经躲进温暖的办公室了！

唉，对这位赖皮的“雪中奇葩”我能说什么？只有“呵呵”了！

三、篮球“高手”

“陈大胖”喜欢捉弄人，不仅捉弄自己班的人，连其他班级的人也不放过！

中午，阳光普照大地，很适合打篮球。这不，五年级（7）班的同学们正在切磋呢！一位同学掐准时机投进了一个漂亮的2分球。“陈大胖”突然蹿出来：“我也来打！”只见他左手挡着防守队员，右手稳稳地运着球。突然，他转身起跳，手腕快速一抖，篮球滑过一道弧线，完美地落在了“树上”！同学们呆了，这个位置对于同学们来说太高了，可是以他的身高足以轻松够下来。他却一脸坏笑，偷偷跑了十多米，回头喊：“我要批作业了，你们自己捡！”同学们呆若木鸡，不知如何是好！只能傻傻地望着篮球高手远去的背影。

陈老师，如果有人说你爱护学生，我只想无奈地“呵呵”。

作为一位老师，你够奇葩！你的奇葩也是一些穿着伤心外衣的欢乐之源，所以是奇葩，是我们的唐僧肉！

我为父亲竖起大拇指

我一生奋斗的榜样是王晓东先生，他是我的父亲，之所以对他倍感敬佩，不仅仅因为他对我有巨大的帮助，更是因为他敢于为自己的梦想而奋斗！

每当我接受了许多人的请求，几乎忙得不可开交要放弃之时，我总会想起深夜里，那昏暗的灯光下疲惫的身影。记得我幼儿园毕业那会儿，父亲为了能赚更多的钱供我上本地最好的小学，便拼命地接案子、打官司，日日夜夜几乎都在阳台中的“办公室”—单位这两个区域之间奔波。一次，父亲接了一个十分棘手的案子，这个案子可以获得一大笔资金，想获得好效果的心加上手中不止这一个案子，他不得不更加勤奋。夜晚12点至次日凌晨1点，正是最让人犯困的时间段，我被一阵嘈杂声吵醒，原来“被告人”认为父亲这个“小律师”资历不够，发语音想撤回这一“大案子”的代理权，父亲气得将所有材料推翻，抱着头埋在桌子上沉思——一阵寂静……

我爬下小床，蹑手蹑脚地跑进客厅为父亲倒了杯水，然后敲了敲阳台的门，父亲听到了我的脚步声，转身强颜欢笑：“怎么了？”我一言不发，生怕做出什么不恰当的事惹父亲发愁，父亲似乎明白了什么，接过水说了声“谢谢”，然后一饮而尽，“耶！我想到了，谢谢你，我亲爱的儿子！需要时间！”父亲在将杯子递给我的刹那，兴奋得双目放光。他似乎从那杯水当中领会到了什么，立时转过身去又进入忙碌状态，我只能睡眼惺忪地望着父亲那疲惫的身影，我的记忆虽是模糊的，但大体依然是清晰的。我清楚地记得：他的背，因长时间坐着看材料而有些驼了；因极少休息，走路的时候，似乎都有点摇摇欲坠，但他的脑子依然十分清醒。我本想等着父亲一起睡的，可我越来越不清醒了，最终回到房间就睡着了……

终于，在一个夜晚，父亲回房睡觉了，我悄悄到阳台上替他关灯，发现父亲没有关掉的信息，还附有一张收款发票的照片！终于明白是这八个字让父亲能睡个安稳觉了：“王律师——太感谢您了！”

功夫不负有心人，也许是上天被父亲那股坚韧的、为理想而奋斗的劲儿给感动了，所以让他有巨大的成就，我为他感到骄傲，为他竖起大拇指！

也许是这一次“反败为胜”给了父亲巨大的鼓励，致使他收获了许多的经验，往后，他一帆风顺，生意如虎添翼，当上了“主任”“会长”，终于可以拣着案子做了，虽然如此，但他依然十分刻苦，他并不盲目地追求可获得的资金，他明白他的梦想——当一名“无所不攻”的律师，“哪怕只有一线希望的案子，我同样会帮助他！”这似乎是他“自律”的格言，他的所作所为时刻在勉励着我“更上一层楼”，以他为榜样，我心甘情愿，因为我时刻都想对他竖起大拇指！

再次细看坐在“办公椅”上的父亲，他的头发花白，乌黑中夹着些许超出他年龄的“银丝”，身板却极为挺拔，“埋头苦干”的样子颇为潇洒——我依然为他竖起大拇指！

我妈的“猪队友”

提起老爸，老妈的脑海中一定会瞬间划过“猪队友”这三个大字。不是老妈愿意如此，是事实如天意不可违！

老妈说我还很小的时候，有一次重感冒了，非要竖抱着才能睡。妈妈连续抱了两个晚上加上白天上班又忙，有些体力不支。老爸就挺身而出说：“今晚，你好好睡，我来看娃！”老妈十分高兴，洗洗睡了。还没等老妈睡熟，我就爬到她身上说：“妈妈，难受，抱抱！”老妈有气无力地问：“爸爸呢？”“他睡着了，叫不醒！”老妈只好又强撑着起来抱我。每当老妈说起这件事，老爸就在一旁偷笑。十足的“猪队友”模式。

要说老爸的“精彩表现”，我有印象的大事也有那么一件。那次，好几家人一起开车去广州玩，进入江西，老爸连续开了三个多小时车，又到中午，有些昏昏欲睡了，恰巧高速旁出现了服务区，便开了进去。烈日炙烤着大地，一下车热浪烤得人很难受，所有人都匆匆奔向餐厅。餐厅里倒很舒服，老爸便靠在座椅上闭目养神起来，老妈看老爸着实累了，便把我交给老爸看管，径自取饭菜去了。老妈办事一向精益求精，好长时间也不见回来。我已忍无可忍地想上厕所了，对老爸说道："老爸，我要上厕所！"老爸好不容易能休息一会儿，不耐烦地说道："快去快去！别打扰我休息！"我随即奔向了厕所……

"喂，醒醒！"老妈端着饭盘，轻踢了一下老爸，老爸揉了揉惺忪的睡眼，没好气地问："干什么？"老妈又急又气地说："儿子呢？"老爸不耐烦地说："这儿啊！喏……咦？刚才还在这儿呢！"老妈将餐盘一放，转身急忙开始寻找，而老爸却早已忘了我对他说的话。所有同行的人都慌里慌张地开始寻找。老爸也慌了。此时，我已上好了厕所，回来时被厕所旁美丽的花朵吸引住了，正出神，忽然背后传来了老妈激动的呼叫："儿子！过来！"是妈妈，我立即撒腿跑了过去。

回到餐厅，老妈质问我："上厕所怎么一声不吭就走，让大家多担心！"我委屈地说："我跟老爸说过了呀！"顿时，老爸苍白的脸"唰"地涨得通红，不好意思地说："累了，没……没……注意！"

这次差点丢了我，老妈的脑中死死将"猪队友"的标签贴在了老爸的身上。老爸吸取了教训，有很长一段时间没有发作，而一段时间后——那个男人"回来了"！

听说有"三个旋儿"（头顶）的人十分难教，我想是这样的。一日，我因长时间不理解而被老妈劈头盖脸地训斥！我心中十分不满："唉，要是有个人来帮我摆脱困境，我一定十分感谢他！"忽然，一旁写材料的老爸受了打扰，气愤地说："哎呀！别训了，我小时候也是这样的，但后来还不是变得很好了吗？"老妈冷冷地说："哼！难道一定要跟你一样？他不能比你好？……"这会儿老爸可大义凛然地吸收了所有火，解救了我，"还是老爸好，不仅救了我还请我看了一场'家庭口角电影'！"我心中默念道。

口齿伶俐的老妈不一会儿便占了上风，将老爸打得连连败退，我心中乐道："我应该没事了吧！"也许老天听见了，老爸竟"坑"起儿子来："反正是儿子错！你训他啊！"这下老妈反应过来了——"猪队友"一打扰，都忘记教训儿子了，她白了一眼老爸，又继续来教训我了，我大气也不敢出，只得心中叫苦："你当老妈的'猪队友'就罢了，还要来当我的'猪队友'干吗啊？！"

老爸这个"猪队友"是绝对地"坑"。他尽管已是一个稳重的大人了，但时不时还要"坑一坑"老妈，令她哭笑不得啊！老爸，你究竟是如何在篮球队里混的？这么坑也有人跟你搭档？！

采访优秀毕业生——陈俊鹏

2016年2月20日　星期六　天气　晴

今天，我决定去采访我们学校毕业的一个大哥哥——陈俊鹏。

晚上6时，我和妈妈来到他家门前。我一边敲门一边想：待会儿开门的大哥哥会长什么样呢？

想时迟，那时快。门“吱”的一声开了，开门的是一位戴帽子的阿姨，我吃一惊，不知怎么说好。妈妈向我介绍，她是哥哥的妈妈，彭阿姨。

进了门，我好奇地张望：大哥哥呢？彭阿姨一下子看穿了我的心事，指指房间说：“在里面画画呢！”

我立马冲进房间，映入眼帘的是个胖乎乎的背影，他穿着绒绒的睡衣，正在电脑前忙碌着，我想：他一定很有学问！

我走近他。大哥哥戴着NBA的眼镜，头像一个圆圆的大西瓜，是个大个子，但不胖。他懒洋洋地坐在椅子里，左手捧着一块黑黑的画板，右手握着一支黑色的粗笔，又轻松又快速地画着，可是画板上什么也没有。只见他眼睛盯着电脑屏幕，上面有三个动漫人物，两个已经画完了，最上面的那个正在填颜色……太神奇了！我也好想画一画。

看看大哥哥，他好像完全没有发现我。我壮着胆子走上前去："哥哥，我能采访采访你吗？"

"可以。"但他没抬头。

我更紧张了，愣了一下，终于鼓起勇气："你现在——在哪里上学？学什么？"

"中国美院！"哥哥看了看我，漫不经心地回答。

"你在实验上学时，最难忘的是什么事？"

"是——我在初中时，科学考了很高的分，就在孔子像前把筷子点着，拜孔子。"哥哥笑了，也面对着我说话了。啊，他对我的问题感兴趣了。

紧接着，我又问了他喜不喜欢体育、怎么学画的、喜欢哪个老师等。妈妈也很好奇，也问了许多问题。哥哥一边画一边回答我们的问题。转眼间，哥哥又画了一个拿着激光武器的人物。我说要在枪口上画个小人儿才好，哥哥就画了个小泥人儿，我多么想试试！

哥哥的妈妈给我们看了老照片。那是哥哥小时候获省一等奖的照片，可真神气！我还看到，哥哥的抽屉里有好多奖状。哥哥说：“画画是为了高兴，干吗一定要获奖？”哥哥还说，“画画要画好，靠自己练，画得多自然就好了。”我觉得这两句话讲得好。

我们采访的时候，大哥哥家有个上五年级的小哥哥，他给我们拍照片，还加了我的微信，他可真逗！

时间过得真快，都7点多了。这真是一次有意义的采访。

采访整理：

通过采访，我问出了很多名堂。哥哥，也就是陈俊鹏，是中国美术学院学生，主攻动画专业。

2002年9月1日进入衢州市实验学校读书。在学校里，他觉得印象最深的事是科学考试得高分，点着筷子给孔子烧香。

最喜欢的老师是毛芳芳和王芳老师。一年级时，班主任毛老师的课很吸引孩子，一次上课哥哥举了很多次手都没轮到发言，很着急就直呼老师名字：“毛芳芳！”课后毛老师对他说：“你是喜欢毛老师对吗？喜欢，可以把我藏在心里，不能叫出来哦！”哥哥觉得正是老师温和的指引，让他觉得温暖。而另一位王芳老师是哥哥印象中最温柔的老师。

哥哥觉得是学校给每个有兴趣特长的学生创造了广阔的平台，这对他的成长很有帮助。他从小喜欢画画，每一任美术老师都给予悉心指导。2006年10月，参加“浙江省第三届少儿现场绘画比赛”获金奖，离不开周文广老师的全程辅导，二年级时，在老师的辅导下拿了数学竞赛一等奖等。

厉害了，我的操场四结义

著名古代长篇小说《三国演义》中，刘备、关羽、张飞，三人在桃园中结为兄弟。N年后的今天，我亦有结拜兄弟！

说来“四结义”也是无意地玩耍引起的：体育课，测完了400米后便全体自由活动了，一大群男生蜂拥到了一块儿玩起了捉人，在游戏中，我们四人互帮互助，赢得了比赛。这时，我提出了“四结义”的建议，大家欣然同意了，便指着操场结拜。

话说我真是拜对了兄弟：学霸方心童、杨奇鑫，幽默风趣的舒奕睿，还有出点子的我。我们四兄弟感情极好，也都十分厉害：其一，体育锻炼能力强。体育课上，我们的成绩无一不让同学们惊叹。一次课上，叶老师提出要测试50米冲刺，舒奕睿“当头炮”。只见他镇定自若地站上了起跑线，目不转睛地盯着叶老师手中高举的红旗，迈开了弓箭步，摆出了起跑的样子。随着叶老师的手猛地往下一挥，他像离弦的箭一般冲了出去，不一会儿便来到了终点。叶老师高喊道："8秒3！"我们惊讶极了。我蓄势待发，站上起跑线，想起刚刚的事，不禁热血澎湃。叶老师将旗一挥，我将马达开到了最大，往前飞奔而去。眼见那条终点线越来越近，我又加快了脚步，一瞬间，冲过了终点。"8秒2！"叶老师激动地喊道。我兴奋得一蹦三尺高，但还是没有忘记帮方心童与杨奇鑫加油打气。最终，我们四人以平均"8秒2"的成绩荣耀收场。我由衷赞叹："厉害了，我的操场四结义！"

但我最要感慨的是，我们操场四结义这一团队的学习成绩。几乎每一次考试我们都霸占了前五名，常常将第一名的宝座争来抢去。但毕竟学霸也是人，总会遇到"滑铁卢"——一下子跌至十几名。但往往这时，我们都会互相给予安慰，之后，我们会找出原因，并消灭它，继续前进！课间的时候，我们四人便会簇拥在一起，你考我，我考你。答不上来便刮一下鼻子，大家都玩得不亦乐乎。有时也会讨论一下题目该如何解答才完美。临近考试了，我无意间翻到了一道难题。一下课，我便召集四结义成员一起来商议，大家熟练地运用一个个已学的知识来击破一个个问题："我认为这题应用了……""不对啊，应该是……"5分钟后，一道连锁题在我们的"围攻"下，答案不得不浮出水面。我们高兴极了。我又一次发出了赞叹："厉害了，我的操场四结义！"

厉害了，我的操场四结义！我们四人互帮互助，希望我们能一直优秀下去！留下一个个美好的回忆！

一

“喷嚏方”

学霸的成绩是出众的，不仅如此，连那喷嚏也是十分脱俗的。他打喷嚏时不像一般的人，朝着前方“攻击”，他似乎有“喷嚏警告”。每当要打喷嚏时，他都会转向太阳那一旁，让鼻子受到刺激，然后才打出喷嚏来！

不错，他就是“操场四结义”中我的二弟——方心童！这个“喷嚏哥”与我发生的故事让我哭笑不得啊！

“丁零零……”下课铃一敲响，同学们似乎得到了“久未谋面”的自由，像脱缰的野马一般，一窝蜂挤出教室，奔向操场。我喊了他一声，就跟着人群赶集似的飞奔。操场近在眼前了，我不觉又加快了速度。忽然，一个粗犷的声音从后面追来：“王……王家毅，我想……想打……打……”他话似乎已经说不完整了。我赶紧扭头一看，其他人都躲开了，跑得远远的。方心童向我招着手：“打……喷嚏！”他喘气喘得很严重，可能是因为跑得太快加上喷嚏打不出来吧！

我无奈地走了过去，他已准确无误地对准了太阳。我刚想拍他的肩，他的头忽然仰起，嘴巴放松地张着，似乎想吟诵“黄河之水天上来”之类的佳句，但一会儿又低下头去；我壮着胆子拍了一下他的肩膀：“喂……”我话音未落，他又猛地抬起头，似乎又被某位诗人附体了，闭着眼睛，面朝太阳，鼻子有规律地“重吸轻呼”，很想将讨厌的喷嚏揪出来，但没有用。我彻底不怕了，绕到他面前：“嘿，你到底有没有……”这时，他又抬起头，一吸一呼，我已熟视无睹了。突然，“阿嚏！”他的嘴一合，唾沫星子喷了我一脸！

这位“成功”人士终于露出了欣慰的笑脸，而我，这个热情的好心人却闻着恶心的口水味，露出尴尬的神情……

唉，如果你一定要说那很可能是一个意外，那我也不和你争辩。为了说服你，我还特意采访了他身边的女同桌——龚睿。一个风和日丽的下午，这个背影为方心童提供了极其完美的打喷嚏环境。果不其然，他在自习课时对着龚睿——对着太阳，发起了猛烈的……恐吓！一开始，他标志性地用嘴一张一合地“请”喷嚏，这可吓得龚睿出了一身冷汗；这还没完，一会儿，他“卷土重来”，做得更夸张了，啊——啊——龚睿闭紧了双眼，等待暴风雨的来临；果然，“阿嚏——”龚睿顿时有了全身湿透的感觉！

这，便是“喷嚏方”——方心童。一个成绩优异且喷嚏脱俗的学霸。虽然经常会被唾沫沾染，但是能看到那万里挑一的喷嚏全景，这显然是值得的。

头号玩家

“头号玩家”，顾名思义就是“玩”这一行列中最顶尖的。每个人的身边总会有几个特别调皮的朋友，他（她）可能玩儿出了名堂，也可能因为玩儿误了大事，我身边也有这样一位仁兄，他——因玩误了事！

“下课啦！”伴随着一串铃响，他冲出了教室，径直冲到操场，来到草丛之间。这里是他的“私人仓库”，他每次都会借着找东西之名，来这里看他心爱的玩具。然而，他拿这些东西可不独自玩儿，他要与别人“分享”。这不，他又来了：“王家毅，我送你个东西！”说完，他伸出攥着礼物的手，拉着我的手要交给我，我想起昨天他也这样做，却扔了条假蛇把我吓了一跳！我立即把手抽了回来：“先给我看是什么礼物！”你一定觉得他知道自己暴露了，会脸红对吗？那你就太小看“头号玩家”了！只见他另一只手挡住拳头，准备揭开。他嘴角浮起了一丝坏笑，一点点揭开了。我紧张地盯着那即将完全暴露的手心，大吃一惊：没有蛇！怎么可能？正当我放松警惕时，他加快了速度，摊开了手掌。我定睛一看：啊，一根手指！“模型而已！”我抚着胸口抑制自己的慌乱。但这根手指模型太逼真了，真得我胡思乱想起来：这是谁的手指？我的？我忙下意识地摸摸双手，全在，才松了口气。他却开怀大笑，我恍然大悟：他就为了看我惊讶时那搞笑的屌样。我气急败坏地咆哮：“陈渊哲，你真无聊！”说完，转头就跑。这就是他——陈渊哲！

“惹得了学生算什么！惹得了老师算你赢！”周希哲又被他捉弄了，愤愤地跟他打赌。他无所畏惧地扬扬眉毛，挑衅地说：“好啊！”说完，便大摇大摆地走了。第二节语文课，铃一响，老师就进了班门。只见陈渊哲得意扬扬的目光追随着老师的身影，周希哲一直盯着他，想看看他耍什么花样。老师放下东西，刚要坐下，他突然大叫一声：“老师，小心钉子！”老师低头一看椅子，真有钉子，大声喊：“谁干的？”他赶忙回答：“周希哲干的！”老师怒不可遏：“周希哲，罚抄五遍课文！”周希哲气极了，委屈又无奈，连申辩的机会都没有。好一个狠毒的“一箭双雕”啊！

他的“头号玩家”称呼可是出了名的，不仅在班中拔尖，在年级中也是响当当的，他可以代表我们班与其他班的“头号玩家”一决高下了！

但是在这同时，他也失去了最重要的——学业！现在，他悔过自新。那个曾经调皮的“头号玩家”已不复存在了！

幽默大王

他是我的好朋友，圆圆的脑袋，乌黑的短发，小小的鼻子上架着大大的黑边眼镜，小鼻子似乎马上要被压瘪了似的。看这样子，可千万别以为他是个安静的“书呆子”，你看，正在我跟前手舞足蹈、说个不停的小个子就是他——我的好朋友周睿言。

他的脑瓜就像一个“搞笑语言”制造机，只要一开启动键，有魔力的语言就源源不断地涌出来。有一次，我玩得正开心，他跑过来说：“王家毅，我刚刚想到一个很好笑的笑话……”“我不想听！”我打断他的话，顺势绕过他。没想到，他却像药膏一样贴上了我：“从前，有一个……”听着听着，我被有趣的开头吸引住了，心想：有这样精彩的开头，中间肯定更有趣！“嗯，”我转过身，“那个……还不错！”周睿言一听，劲头更足了，不一会儿，我便捧腹大笑起来，好像被人挠着了脚掌心一样。我非常开心，激动地对他说：“好久没这样笑了，今天真过瘾！”

一眨眼工夫，周睿言就说：“笑话已讲完！”

“啊？再来一个嘛！”我央求着。

“抱歉，今天No故事了！”他扭着身子搞怪地说。

“哈哈哈……”虽然没故事了，这一句话还是说得很好笑。

他的笑话不仅能让我“灿烂”，更是我沮丧时的“及时雨”。一听他的笑话，伤心烟消云散。

那天，一早，我就被妈妈责罚，心里非常不好受。一进教室就被周睿言看出来了。他便上蹿下跳地给我表演，讲到一半时还故意边摔边叫：“哎哟！哎哟！”“哈哈哈……”不一会儿，我就笑得抱起了肚子。听着听着，我的眼泪都笑出来了，完全忘却了早上的不愉快。

会讲笑话不算难事，能用笑话帮助朋友则很难得。

“抢镜君”陈渊哲

谁是我们五年级（6）班的“大人物”？非他莫属！他“走红”，绝不是因为“成绩优秀”“体魄强健”“才艺逼人”……而是“有镜头，就有他”！他就是无敌“抢镜君”——陈渊哲。

其实，他长得就十分抢镜：皮肤白到发光，头发乌黑顺滑，刘海儿在宽宽的额头上方向左侧横撇过去，整张“国”字大脸就一览无余了。别说在阳光下，就算躲在浓密的树荫下，你依然可以看清他的模样。与此截然相反的便是那太不发达的四肢，别看他细胳膊小腿的，抢镜时速能秒杀全班“大长腿”们。人们都说“嘴皮薄的口齿伶俐”！他完美地诠释了这一点。薄薄的两片唇仿佛是“永动机”，不需要片刻的休息。如果你问：“‘静默活动’谁最先出局”，大家会毫不犹豫地回答：“陈渊哲！”他一出现，“哗哗哗”摄影机镜头立刻转向了他。独特的长相，成了他吸睛的第一法宝。

众所周知，用长相博取关注是长久不了的，时间长了也就见怪不怪了。他可不用担心，因为他有第二个法宝。记得学校足球联赛备赛训练期间，一次中场休息，一旁观看的同学都围过来找我“取经”。就在我张嘴豪侃“足球经”时，传来一声“救救我！好可怕”。我循声看过去，只见陈渊哲在几步远的地方，双手交叉搂住自己，全身颤抖，脸上扭曲着，鼻梁被压下去了似的，嘴巴张得老大，眼睛瞪得跟球似的，全神贯注地盯住右下方地面，身体却使劲扭向左侧，右脚抬起来，一副随时准备逃跑的样子。我们的好奇心瞬间被点燃了，全冲了过去。原来是一条虫子。这事还没完呢，他站定，左手叉腰，扬起右手：“你们知道吗？刚才我扒开草皮，哇，发现它，它，它……我当时都快被吓晕过去了，我……我都觉得自己要死了……”不知不觉中，所有人的“镜头”都对准了他。看，先是大惊小怪引人注目，后又啰里啰唆霸占镜头，这招够狠，真是“三个庙相加——妙，妙，妙”！

他的终极法宝，对于词穷的我来说都不知如何恰如其分地形容了。终极法宝之强行抢镜！这个法宝操作手法超级简单：在别人准备拍照时，他会掐准时机，以迅雷不及掩耳之势，在摄影师按下快门时，挤入镜头，做出各种搞怪的动作，抢到画面的亮点，就算只被他抢占了一点点画面，整个照片的焦点也便不再属于你了。

你看，你看，老师正在给获得奖杯的我拍纪念照，他鬼头鬼脑地晃过来了，就潜伏在离我一步之遥的地方，假装没什么事，东瞧瞧，西看看。突然，他绕到我前面，一闪，跑走了。哎呀，我的妈！看照片上，他两眼上翻，用小拇指拉开嘴巴，食指向上顶起鼻子。焦点哪里还有我和奖杯的份儿？全在他那张脸上了。

这个调皮“抢镜”大王，总有办法抢到镜头，秀了一把又一把。哈哈，真是“龙王爷搬家——离海（厉害）”！鄙人佩服，佩服！

魔方杨奇鑫

世界上有一种有趣的玩具——魔方。它一身兼六色，适应性非常强，可以玩出各种花样。比赛场地，课间娱乐场地，甚至在厕所里都有它的身影！我同学杨奇鑫就是魔方式人物！

白色的一面，多么洁净，如同飘雪的季节，满世界就只有这么一片白，多么晶莹剔透啊！举它到眼前，又仿佛是矗立的一堵墙。强势的洁白足以干掉脑海里一切纷繁！白色，即单纯。记得一次放学回家，我和杨奇鑫同行。路过一个乞丐的摊前，他突然停下了脚步。我诧异地回头，只见那乞丐身旁卧着一条瘦弱的狗，似乎风一吹就会飘走。乞丐的另一边竖立着一块牌子，上面写着：吾家贫，犬恒食不饱！“还古文呢！一看就是‘假’乞丐！”我悄悄说完，上前拽住他快走几步。他却奋力挣脱，争辩道：“万一是别人帮他写的呢？你没看到他衣衫褴褛的，这狗这么瘦弱不堪！”说着，便跑回摊前。这时，乞丐提起他无力的手，颤抖着，捧起一个缺了一角的陶瓷碗。我大声喊他：“陶瓷碗是新的，缺口是故意砸的！人和火车站前是同一个！”但杨奇鑫见他可怜巴巴，毫不犹豫地掏出“小熊维尼”，取出两块钱给了他。不久后，我又偶遇那个乞丐，他穿着西装骑着电动车，带着那条狗，居然到饭店吃饭。我拍了照，给那个大傻瓜看：“你真单纯，让他骗了吧！”他却不以为然：“啊？其实也没关系呀！”你以为他就此成熟一点儿？那你就错了！他依然如此乐“善”好施！好一个单纯的男孩子啊！

“魔方，魔方，唰唰唰！”瞬间拼出了一个蓝色的面。就像一望无际的大海，广阔无垠。天空也是蓝色的，它更是无边无际。这不正是“有容乃大”吗？记得是一次春游我召集组员，七名，已满员，正准备上报时发现童子衍无组可去。童子衍和我有些渊源，我想帮他，可深知我的组员们都不喜欢他，况且要退出一个人才行。正为难之际，杨奇鑫知道了连忙来找我：“王家毅，为什么不要童子衍？他不是挺好的？”我答道：“满员了，没人想退出！”“我退！”他斩钉截铁地回答。我傻了，没想到他竟然做出这样的决定！见他平时对童子衍并没什么好印象，但在这样的情况下做出这样的决定，你说，不是心胸宽广，是什么？最终，有了伤害最小的方案，我们收下了童子衍，杨奇鑫也不用离开。正是他的这次表现，让我开始敬佩他。

我将魔方转至粉红色那一面。顿时，眼前呈现桃花飘落的情景。粉红向来是少女心的代表！这不，星期五的拓展课结束了。上发艺课的同学拿着头模回到教室，杨奇鑫一见到那长长的头发，粉红少女心便痒痒了！他悄悄偷了头模，将它的长头发披在自己的额头上。瞬间，一个俏丽的小姑娘出现了，还真奇怪，这种装扮在他身上竟无半点违和感，也许他是水做的小男生？你瞧，他还嘚瑟地跳起了舞。周围的同学们都笑得背过气去了！啊，上天啊，救救我！好一个拥有粉红少女心的男生！

杨奇鑫就是这样一个类似于魔方的男生。当然，他还有另外三个面，我可以告诉你，那便是“热情的红色”“黑色的幽默”与“绿色的环保”！时间有限，且听下回分解！

我的铁杆兄弟

他的皮肤特别黑，又瘦得找不出半点肥肉，若不是特别喜欢穿鲜艳的衣服，我真担心他掉进炭堆里就找不到了。不过别误会，他可不是个弱不禁风的“小老头儿”。你瞧，圆眼睛搭配粗粗的一字眉，一旦发起威来，眼睛比灯泡还大，眉毛挤到一起像个大大的“V”，要是再加上一大把胡子，简直就是张飞再生。最有意思的是他的嘴唇很薄，却特别红，好像爱美的女孩子抹过口红似的。

他是我最“铁”的哥们儿。从玩陀螺，打扑克牌，下载游戏……一直到踢足球、做麦霸，我俩的兴趣爱好百分百同步。不仅如此，就连生气的习惯性动作都相似。有一次去“恐龙园”玩，他看上了一个纪念品，可他爸妈不同意买。爸妈的理由还没酝酿好，他脸上的乌云已经挤不下了。只见他身子一拧，手往裤袋一插，别过头，白着眼，摆出一副“永远不想理你们”的架势，管你们有什么命令，只做“木头人”。急得大家团团转，就连我这个跟他“穿一条裤子”的人也无计可施。不过这样的“大招”，是绝对不会用在我身上的，我俩从来不生对方的气。有好东西都一起分享，简直比亲兄弟还亲。每次一起玩，我们都觉得像上帝的恩赐一样。

你千万别以为他是个小无赖，要是练起球来，绝对让你佩服得五体投地。他每天都要练习颠球，足球在他的脚下就像个听话的小跟班，如影随形，一颠就是几百个。他不停，球就不落地。据说他每一节足球训练课，一上跑道就要跑十几圈，上万米哦，他就像一架开足马力的火箭，冲冲冲！只要是教练要求的，一米也不愿少跑，一秒也不会多用。训练时，他总是拼了命地努力。记得过年前，他独自跟着教练去北海训练，直到大年初三才回家。刚去两三天，我就特别想他，给他打了无数次电话，都是无人接听。他呢，15天里一个电话都没打回来。你可知道，平时一天没有联系，他都会浑身难受的呀。

他不是太喜欢动脑筋。不过为了和我玩，那就另当别论了。有一段时间，不是他到我家，就是我在他家，三天两头地疯玩儿，妈妈们急了，向我们出示了红牌。为了争取多一个在一起玩儿的机会，我们精心密谋，联手攻下俩老爸。那天一早，我们就计划好，同时打电话给自己老爸。我说：“老爸，吴锐猛老爸说，和你好久没见面了，期待着一起去吃个饭、聊聊天。你打个电话约他吧。”他说：“老爸，王家毅老爸说和你好久没聚了，想一起来个男人的聚会。我看挺好的，你打个电话约他吧。”然后又把选好的餐厅大大地夸了一番。不仅搞定了饭局，还赢得了饭后去府山公园来场父子足球赛的机会。直到行程结束，累得气喘吁吁的老爸们被老妈训斥，才看清了真相。

我们在一起，除了玩儿还是玩儿。虽然爸爸妈妈们一次又一次地警告我们，小学都快毕业了，要多花心思学习，别就知道玩儿……可我们总是让这些话，左耳朵进右耳朵出。可有一次，他却让我吃了一惊。快要期末考试了，我费了九牛二虎之力，换得在他家玩一整天的机会。一进门，就看见他妈妈为我们准备了满满一桌的水果零食。"哈哈，又是吃喝玩乐，完美无缺，美美的日子！"一头便扎进了他的小房间。

"你作业没写完？你作业很多？"面对一桌子的作业和各种课外书，我像机关枪似的扫出一堆问题，眼睛不住地四处搜寻，"玩具？玩具在哪儿？"

"我们不要总沉迷游戏了，看看书，长点知识。"他递书给我，一本正经地说。

"不会吧？你脑袋进水了？还是中奖了？"我一边接书，一边歪着脑袋看门外是不是有"敌情"。没有啊，他妈妈好像出门去了。

我丈二和尚摸不着头了。

"你快看啊，待会儿，我们来知识问答比赛。我要赢你的！"他不容分说。

"……"这是一个爱玩儿如命的人吗？我惊得说不出话

来，但绝不愿在知识上输给他。那天，我们看看比比，倒也挺好玩的，虽然到现在我都没弄明白，那天他是怎么了。

这就是我的铁杆兄弟吴锐猛——一个淘气又可爱的小伙子。

我是着装渣

如果你不是一个野人，那么衣服这件物品一定每日与你相伴，可一些人十分擅长搭配，而一些人却怎么也无法配出令人赏心悦目的装扮——那便是如我一般的人！

我无论如何也不会忘却妈妈当着众人的面那“扑哧”一笑，也永远清晰地记得我穿的究竟是什么。时光倒流至2013年，那时我还只是一个7岁的小男孩儿，那一日，我们一家要前往博悦大酒店，参加爸爸的事务所举办的年会，表彰一年中为单位做出贡献的员工，爸爸与妈妈忙得不可开交，平时帮我搭配服饰的妈妈只丢下了一句“你自己穿吧”，便忙自己的事去了。

虽然我年仅7岁，可思想却不落伍：“嗯，听起来像是什么颁奖典礼，应该穿得正式一些！”于是，我费了九牛二虎之力将小西服抽了下来，又将每一部分照着妈妈以前给我穿的模样套上，最后将红色的领结戴上——不错，真优雅！我来到了镜子面前，简直被我的霸气惊呆了，黑色的西裤配着白色衬衫，真帅！哈，可谁也不会料到，我竟在衬衫内穿着外套西服。我的心中念道："好看，固然好看，只不过怎么穿起来如此不舒服呢？而且总觉得少了些什么！"也顾不得那么多了，还有最后一环呢！我飞奔至水池前，蘸了点水往头上一抹——大自然无害发胶——就选自来水！我在心中说道："啊，现在完美了！"

爸爸妈妈顾不得看我一眼，便拉上我，直奔博悦。刚进门厅，妈妈瞄见了我的怪样子，指着我的衣服便笑了起来，爸爸的同事见了也乐得哈哈大笑，妈妈哭笑不得地问我："儿子，穿这么正式，帅！真的是很帅！不过这个搭配真的太新潮了！哈哈！这么个大夏天！热不热？"顿时，我的脸涨得比太阳还红，不停地发出股股热量——天啊！我的得意之作三秒就被毁得形象全无，还能不能更惨一些？

——能……

话说过年之际，严寒袭击着人类，大家都将自己裹得像个粽子，唯独我一枝"奇葩"。要去拜年了！（我已是一个六年级的学生了，衣服得由自己搭配！）我起身闪进温暖的衣柜，愣愣地望着一堆凌乱的衣服，不知如何才能穿得好："棉袄、毛衣、棉裤……"看了又看，依然不能做出决定。"那儿不会十分冷，可以少穿点儿！"忽然老妈叫道。我一个闪念，有了主意。一出家门，我莫名感觉很热，但再一体会，却又有几分凉，咦？我上车后问妈妈，怎么会这样的？妈妈翻了翻我的衣服说："天哪！衬衫、毛衣——冲锋衣？

大冬天的！穿这玩意儿干吗？！还有……就这么点儿？怎么会感觉热？！肯定是心理作用吧！这大过年的，衣服店都关门了，快快，赶紧掉头回去！我亲爱的，你不会是成心添乱的吧！”

这就是我，一个着装渣。

我爱观察

看图写话

看猴子

星期一早晨，老师带二年级（6）班的小朋友一起来到动物园看猴。

一进门就看见像海盗船似的假山，一群猴子在假山上嬉戏。

在假山的最顶端坐着一只猴王，它一边吃着桃子，一边望着天空那一朵朵美丽的白云，好像在思考：当年齐天大圣吃的蟠桃是否有我这个好吃呢？另一只小猴子站在山脚下，一手抓着腿一手挠着头，还撅着屁股坐在卷起的尾巴上，它在干什么呢？最有趣的是那只荡秋千的猴子，只见它用尾巴钩在树上，然后抬起头用力晃动身子，是不是有点刺激惊险啊？还有几只猴子正扮着各种鬼脸。

看看这一只很有趣，看看那一只很调皮，我们一边看一边议论，绕着猴山走了一圈又一圈。

猴山真好玩！太阳快下山了，我们还舍不得离开。

温哥华街头的母爱

温暖的阳光普照着大地，顺着光线放眼望去，在温哥华的街头，一群憨态可掬的小鸭子整齐地排着队列，跟随着鸭妈妈的步伐，舒坦地边沐浴着日光浴，边漫步在大街上。路过的行人、汽车皆被这一番美妙的景象迷住了，纷纷驻足观赏这“千年等一回”的情景！

鸭妈妈带领着小鸭子本已是大模大样地“散步”了，见到路人们有若对待明星般对待它们，便更是嘚瑟了，不禁加上了“抖一抖”的节奏，更加了一些风骚韵味。可惜有句话说得好：“帅不过三秒！”就连鸭子也逃不过这一定律。就在鸭妈妈享受风光时，它亲爱的大儿子“冰棒”似乎受到什么吸引，接着“二、三、四弟妹”一起离开了队列，来到了下水道周围。五弟“怕怕”开小差猛然回过神，却发现哥哥姐姐们“失踪”了，在恐惧之下，它大叫道：“嘎嘎——哥哥姐姐不见了！”刹那间，鸭妈妈急刹住了脚步，回首问道：“嘎嘎嘎！（它们去哪儿了？）”“怕怕”无奈地摇了摇头，表示不晓得，这时，一向寡言少语的六妹“厌厌”发言了：

“嘎嘎，嘎嘎嘎！（妈妈，它们在那儿！）”妈妈看向那边，随着目光转移，它几乎要昏过去了——四个孩子就差一点儿要掉进下水道了：“嘎——（回来）！”几只小鸭突然听见尖叫，吓出了一身冷汗，脚底打滑便摔进了在它们看来十分神秘的“黑窟窿”。

鸭妈妈在井盖旁徘徊，眼看着水流冲击着被石板勉强挡住的孩子们，心急得犹如热锅上的蚂蚁！它急切地环顾四周，看着来来往往的人群，它逐个否定了不可能来帮忙的人，忽然，望着指挥车辆行驶的健壮的交警，它灵机一动，使尽全身力气冲了过去：“嘎——救命！”交警忙得不可开交，况且这是喧闹的温哥华街头，哪能听见一只鸭子微弱的叫声？鸭妈妈又大喊一声，交警依旧无动于衷！

想起等着妈妈救援的孩子们，鸭妈妈又急又气，慌乱之中，它莫名有了一个点子，它爬上台子，咬住交警的裤脚，刚要转身的交警差点儿被绊倒。他低下了头，奇怪地看着鸭妈妈，问道：“Hey，little guys，what is the wrong with you？”鸭妈妈头朝向井盖，伸了伸脖子。交警纳闷地说：“Sorry，I do not copy.”鸭妈妈冲向井盖，朝下点了点头。交警叫停了车，冲了过去，发现了小鸭子，最终，在一群人的帮助下救出了小鸭子！

“为母则刚”，多么机智的鸭妈妈！所有人都让开道，目送着鸭子们大摇大摆地离开了……

冰王子

在我眼中，世界上有两个冰王子：一个是博格坎普；一个便是羽生结弦。羽生结弦，这个帅气的名字，似乎诠释了他为花样滑冰而生。“羽毛”——轻盈，飞翔，挥洒自如；“弦”——旋律，节奏，抑扬顿挫！

2018年，站在俄罗斯世界花样滑冰大奖赛上，他又向世人展示了完美的一面，镜头聚焦在羽生结弦的身上，只见他在场地内松弛地“晃荡”，适应着场地，他是一个着蓝衣白裤的少年。在观众热烈的掌声中，他摆好了预备动作，坚定的眼神直视与肩持平的右手，仿佛已经与场地、音乐融为一体，四周的观众、裁判、对手都是不存在的，他是“唯一”的霸主！

观众们停止了鼓掌。一片寂静之中，音乐《秋日》娓娓道来：羽生结弦与音乐已经融为一体了，音乐的头拍一响，他便一分不差地行动了起来，好似音乐是他自己打开的。伴随着婉转的音乐，他优雅的舞姿加上柔软、放松的身体，似乎在如泣如诉地向众人讲述着一个令人惋惜的故事。“秋”是一个让人莫名感到悲哀的季节，他充分地诠释了这一细节。

他的放松给予了他百分之一百二十的超常发挥，使得他能完成一系列高难度的动作，就连失去一定重心的滑行，他依旧做得十分轻松。视频的那头，羽生结弦继续完成着他那部尚未完成的“著作”，他时而大幅度地做着夸张的动作，时而在极小的范围内摆动着精细的小动作，让观众们眼花缭乱，有时候竟然会无意识地鼓起掌来！然而，他并不会因为小小的鼓掌声沾沾自喜，他绝不会丢掉那金灿灿的金牌。他的表情是那么平和稳重，丝毫不受干扰，这不就是宠辱不惊嘛！忽然，“乐风一转”——音乐的高潮来了！羽生结弦似乎在内心给自己打了个暗号：“绽放吧——结弦！”他奔至舞台中偏左的位置，将身子“腾”提到半空中。此时，我终于明白为什么花样滑冰被人们称为“冰上芭蕾”了。在我看来，一般人可能做完如此大幅度的动作后，一定会插一段缓慢的音乐过渡一下。他似乎并不循常例，维持着原有的节奏，充满感情地在场内“游巡”。他一会儿将双手交叉抱在胸前，身子缩成一团，一会儿似乎得到什么激发，卡着那一个个“重音”猛地打开，打开！十分震撼！虽然我不在现场，但我也情不自禁地和现场的观众一同献上掌声。“台上一分钟，台下十年功！”他得付出多少汗水，才有今天在冰上如履平地，得以做出如此曼妙的动作?

一会儿，音乐变得柔和了，羽生结弦牢牢踩在节奏上，时而舒展时而旋转，一低首一抬腿……自然地摆出各种姿势造型，似乎不经设计，完全随心所至。赏心悦目的表演赢得了全场观众的心，掌声不断，即便双手已通红。突然，羽生结弦冲到终点，高昂的音乐再次响起。他抱着自己的大腿蹲下身，像陀螺一般高速旋转着，忽然又起身继续旋转着，越转越快，越转越快……终于，他停了下来，神奇的是，他一点儿也没有晕，更神奇的是，他准确地面朝着主席台！我心中赞叹道：“太强大了吧，真是所向披靡啊！”谢过幕后，他与教练热情相拥，开始了欢庆，他将心爱的维尼熊成批地扔上观众席。观众看台上顿时变成了像丰收麦田那样金色的海洋。

有个记者评价得好：“他容颜如玉，身姿如松。翩若惊鸿，矫若游龙。”他就是我眼中帅气，刻苦，坚韧，沉着，挥洒自如的冰王子——羽生结弦！

日常观察

不速之客

上语文课的时候，我们班来了一位不速之客，它是一只小蜜蜂。它好小，我都没看清它长什么样，只见一个小黄点在教室里横冲直撞。突然，它向我们直扑过来，吓得我们齐声尖叫，拿着书本拼命乱挥。小蜜蜂也被吓坏了，冲撞得更疯狂了。终于，它累坏了，停在窗玻璃上，身体有些颤抖，像我们刚跑完了3000米一样，只剩喘气那点力量了。但求生的欲望促使它还得拼命找出口，它向上爬去，一不小心掉了下来，又爬上去，又掉下来，反反复复5次。我都有点心疼它了，不忍心再看下去。突然，教室里又尖叫起来，蜜蜂居然又有力量开始东碰西撞了。终于，它撞上了一条窗缝，成功脱险。

砖瓦碎片中的小苗

本篇文章中的主人公并不是球星、名人，也不是我，而是一棵不起眼的小苗。为什么要写它？因为它不是在一般环境中成长，它出生在楼下的砖瓦碎片中。它那顽强不屈的精神令我敬佩！

春日的一个早上，我来到小区的绿地上游玩，玩了好久，我累了，便开始休息，休息时绿地上流光溢彩的美景吸引着我，我开始注意起那些小花和柳树，却始终没有注意到衬托一切的小生命——小草！

一会儿，当我的视线移到一堆砖瓦碎片下的棍子时，我忍不住地跑了过去，掀开砖瓦后，居然有一株小草。这株小草被砖瓦无情地压着，没有人理会它所受的苦难。

小草已经被压得弱不禁风，嫩黄嫩黄的，白白的根浮在泥面上，只要我稍一用力，它就会被我连根拔起，我对妈妈说："妈妈，这棵小草太煞风景了，要不干脆拔掉吧！"妈妈却说："不，明年春天你再来瞧瞧。"

之后几天，我经常到这儿查探，很想瞧瞧这儿有没有变化，可是时间一天一天过去，小草没有一点儿变化，我渐渐对它失去了兴趣。

第二年春季，妈妈提醒我去看看。太神了，那儿居然生出了一丛小草，绿油油的，充满活力。真是一个奇迹！我站在草前，惊讶得说不出话来。我急忙去问妈妈：“妈妈，为什么去年春季小草都快死了，而今年却发育得这么好？”妈妈笑着说道：“孩子，这个问题你自己想吧，你会明白的！”

我一直在思考，“为什么”一直在我脑海中储存着，当我学了《花的勇气》这篇课文后，我才真正明白了原因。是因为小草顽强不屈，珍爱生命，才能发育得这么好。它的精神令我敬佩！

那些好去处

在这广阔无垠的世界上有千千万万美丽有趣的地方：一片草坪，一所学校，一座山，一条街……这些地方，常常勾起人们一些美好的回忆，令人思绪万千……

家是机场，是港湾，是人类梦想中美好而温暖的归宿！家可为主人们遮风挡雨，每个人的家都是独一无二、别具一格的。

我拥有一个十分气派与美好的家：我的家在沈家，虽然坐落于乡间，但有天有地，空间私密，怎么说都让人多一分自在。房屋属于多层加错层，功能各不相同，又令人多一些新鲜。地下室幽静凉爽，车库温暖明亮，外墙凹凸错落，气派的西洋风格，最有意思的要数大门前的花园菜地，花与菜相映成趣。房子的主人不止有我、爸爸、妈妈与爷爷，最近又添了小弟弟——这真是皆大欢喜啊！每当我放学回到家，他总是那么欢天喜地，一笑起来，嘴角将脸向上推，堆成两个“肉球”，别提多可爱了！尽管还很小，但他的笑脸却能融化整个冬天的冰雪。

家人使家的温馨程度倍增，让我更加依恋。更有意思的是，我经过一个月的地毯式搜索，终于发现，踩着楼梯（要很用力）到了二楼玻璃门中央，地板会“咯吱咯吱”响，如果你验证了这一点，对不起，你走过头了，请往回走2米，推开门，那是我的房间，然后打开衣橱柜门，爬上最右侧的挡板。面前摆放着高矮不一的密密麻麻的玩具。如果你不将玩具挪开，你真不知道背后是什么。捉迷藏的时候，我经常躲在这儿。有一次，我等了半天也没等到有人找我，居然睡着了！结果身体往前倾，要不是凑巧放了枕头，那可能……不，还没完，这里面还有机关，瞧，这儿有块可抽动的挡板，拉开，一只红通通的眼睛，正一眨一眨……哈哈哈，是网络终端。

在我眼中，家是最美好的地方，那么“次之”呢？经过脑海中的一番搜索，我得出了答案——妈妈工作的学校！

时光飞逝，我已经是一名五年级的学生了，回首往事，那是一年级的暑假，那年妈妈的学校——衢州市特殊教育学校，琐事倍增，身为班主任的儿子，我得待在她的身旁“帮忙”，说是帮忙，也就是整理书本、递送资料等一些跑腿的事情。我最爱的“工作”是“还书”，抱着五本从借阅室借来的书，一路小跑到四楼，负责图书管理的胡阿姨总会递过来一杯奶茶犒劳我。捧着奶茶，坐到书架旁的沙发上，翻出一本漫画书，饶有兴趣地边喝边看……真是太美妙了！可是现在事情多了，没时间去了。好怀念图书馆！

当然，从三年级至今一直陪伴我的是位于技术学院内的小球馆：那几片绿色的塑胶球场，吸纳了千万滴我滴落的汗水。我特别喜欢在那片操场上奔跑，特别奔放洒脱，十分自由！

没错，就是这个令我激动、疯狂，给我自由的地方，让我的人生变得十分精彩，人生中没有与这样的地方相遇，那才是无比可惜的！

寻凉记

暑假是一个令人哭笑不得的假期；可以不用再每天看着老师严峻冷酷的“老脸”，有“正当理由”不外出活动……但同时，有一个严重的问题，那就是热！

“热死了！热死了！”成群栖息在树上的知了气愤地抱怨。走在街上你会发现马路旁的行人都匆匆往家里赶，马路上带有空调的汽车也寥寥无几，若查看最近几天的天气预报，你会发现温度总在38℃ ~40℃之间徘徊，好不容易看到了雷阵雨图标，但等到它来临之前的闷热，依然十分难耐！

炎热的劣迹随处可见：当你将汽车裸露在太阳的暴晒之下，它立马就报复你，当你再次拉开车门，热浪会扑面而来，强行坐进去，虽然不会像烤肉上架一般发出“哧”的声响，但烫得臀部绝对够“爽快”的了！在家中，“万事可少，不可少空调！”有它，睡觉、迎客都是享受。但对于处在没空调的厨房里炖菜的人来说，与刚从健身房回来的运动健将没什么区别，堪比受了酷刑。

如此看来，只有发动你的大脑与四肢，才能打赢这场维持两个月的“抗热战争”了！《寻凉三十六计》正式开播：

寻凉有许多方法，但所找到的凉，真能在这场抗“热”战争中大显神威的，却少之又少。最为普遍的当数空调了，每当你在炎炎夏日走进建筑物中，空调吹出的凉风总会像久别重逢的亲人一般，扑面而来，爽到骨头里。通常，要是只开房间的空调，就算黑得伸手不见五指，我也能准确无误地找到我的床。要是没开空调，那我绝对第一时间摸到空调遥控器并第一时间打开，然后再去开灯。那些从小习惯节约的老人可不愿长时间开空调，觉得浪费电！他们平时较“迟钝”的脑子在抗“热”战争中竟十分灵敏，直接去商场蹭。反正商场空间大，又不限定进去出来的时间，也没有人全程监视，更何况空调风力十分强劲，最重要的是花的不是自己家的钱啊！不少人听了老人们的解说不禁感叹：“第一次听到连蹭个空调都那么有文化！”

《寻凉志》中记录着“吃冰法”，此法最为孩童们所爱。

在夏天，孩童们能名正言顺地吃冰棒、冰糕、冰沙、冰水果……在秋、冬季，大人们总有一大堆不成立的理由：你现在吃凉食夏天要拉肚子的，现在那么冷，吃什么？……但在夏天你提出了要求，大人们准会说是太热了……好吧，现在就去买！舔上一口芒果味棒冰，冰凉在你的舌尖掠过，瞬间，你仿佛整个人都降了温——这感觉够爽！我相信那时什么乱七八糟的抗“热”战争都已经被抛在了脑后，一心只想好好地品味！

最后我所描述的“寻凉计”准能让不爱洗澡孩子的父母松一口气——洗澡！没错，在冬天洗澡是有些刻薄，大人硬把你“扔”进洗手间的滋味不好受！可是夏天的到来解决了这一难题。闷热的空气围绕着你，让你十分难受，这时一身臭汗之下，冲进淋浴间，打开水龙头，舒舒服服地冲一个冷水澡，一洗“炎热”，那么这场抗“热”战争便打得十分漂亮了！

夏日难免炎热，但只要开动大脑，这一个夏天便能过得舒舒服服！

妖风来袭

春风给人的感觉是美好的、祥和的。可是这次，温和的春天却一反常态地袭击了毫无防备的人类！

一个周末的下午，那股妖风搅得我心神不宁：吃过丰盛的午饭，我踏上了去练球的路，我完全想不到，此刻还是晴空万里，不一会儿妖风夹杂着怪雨一起向衢州市“袭来”！练完了球，妈妈收到了一条消息，是班主任发来的：衢州市气象局发布了黄色雷暴预警，短时风力较强。我看了看蓝蓝的天，不以为然：“怎么可能！”可是就在快到家的一个十字路口，天空中落下了豆大的雨点，一滴，两滴，三滴……顷刻间连成了一片，噼噼啪啪地拍打着我们的车顶。雨越下越大，“啪啪啪”击打越来越猛烈，风挡玻璃上水流如注，雨刮器疯狂摆动，收效却甚是微小。我和妈妈都有些慌乱，我心中默默祈祷着老天保佑我们安全回家，终于熟悉的小区出现了，到车库，安全地进了家门。没有淋到一滴雨，我却一身湿，那都是冷汗呀！我赶紧冲了一个热水澡，抚慰了下我弱小的心灵，这才长长地舒了一口气，缓了缓情绪，可我却不知道还有更可怕的事情等着我呢！

已经大肚子的老妈躺在床上休息了，但她似乎突然想起了什么：“儿子，去把家里所有窗户关了！”什么，所有？家里有三层，每层大概十个窗户，有二三十个窗户啊！没办法，难道让她爬上爬下吗？我只好无可奈何地答应了。我披着浴袍将窗户逐一关上。一楼和二楼都很顺利，手上偶尔沾上几滴雨水而已，但是卫生间那扇被我们家誉为“魔鬼窗”的窗户，可使我吃尽了苦头，我半蹲着向“魔鬼窗”挪去，此时的它在我眼里是一只放纵着妖风怪雨作祟，而它自己则酣然大睡的坏蛋。我一个箭步跨到窗前，抓住手柄用力往里拽，起初它动了一下，然后似乎被惊醒了似的，“发功”将自己撑住，任凭我如何拉，就是一动不动。风雨交错着，形成另一个魔鬼向我飞扑过来，风灌进我的脖子，雨拍打着我的头，仿佛魔鬼似的击打我的身体。我感觉自己就像美国大片中的主人公顶着风雨在与魔鬼决斗。我终于受不住了，松手了，向后连连倒退，这时，妖风趁我弱势，要我命似的更加猖狂地向我进军。“啊！”我狂吼一声，冲过去使出吃奶的劲儿往里拉，终于“啪”的一声，窗子关上了，准备发起总攻的妖风怪雨扑了个空，撞在了窗上，化作流水倾泻而下。

我成功了！看着湿漉漉的衣裳和紧闭的窗户，我心花怒放：“我战胜了恶魔！”我将这件事自豪地告诉妈妈，她心疼地让我再去洗个澡，又告诉我，下次这么大雨，卫生间的就不用去关了，因为有下水道啊！我伤心地叫了一声：“早知道不用关，就不用再洗一次澡了，呜呜……”

第二天一早，我骑车出去，路边的树都被连根拔起，路上满是积水，共享单车倒的倒、歪的歪，有的还被吹走挂到了树上！唉，妖风，你可是害苦俺们了！

舌尖上的衢州

或许有一日，我将离开家乡，最让我魂牵梦萦的是家乡的美食。

漫步在街头，我和父亲早已饥肠辘辘，可讨厌的时钟偏偏磨叽在9和10之间——午饭时间迟迟不到。忽然，一阵浓香扑鼻而来——如春风抚弄花草香气袅袅，如秋阳斜照果园馋眼涎嘴，又如……我一时想不出来形容这股气味的语句了。“烤饼！走，尝尝去！”父亲一声令下，还未等我反应过来，双腿早已改变方向跟着走了。

铺子空间很小，但地净墙白。一个汽油桶改装成的铁炉热气腾腾。铺面简陋，破旧的围裙，娴熟的手法……这一切都是那样令我怦然心动，如痴如醉，就连肚子也“咕噜咕噜”地拍手称赞。“老板，累（来）两个并尼（烤饼）！”父亲说完，老板应了一声，交易便达成了。我们在一旁耐心地等着，顺便欣赏一下有趣的制作过程：老板粗壮而有力的大手，从一大团面中揪出了两大块，取其中一块在掌心一搓，反掌在粉上一压，顺手甩在面板上，拿擀面杖一滚，又薄又圆的饼坯做好了，稍一用力将它推给妻子，自己又做下一个饼坯去了。他妻子根据我们的要求，在饼坯里撒上了榨菜与辣椒，舀一勺制作好的肉馅，抓一把切碎的香葱放上去，然后将饼的四角拎起，裹住了菜料。再次将它压平、压薄，此时菜与饼已融成一体了，老板蘸了一点儿水，摸出一把芝麻，均匀地拍在了饼上，“雏形”便成了，最难且最重要的一步来了，老板轻轻松松地将如泥鳅一般的烤饼一把贴在手上，走到了炉旁，轻轻地将饼铺在炉壁上，“吱吱”的声便蔓延开来。

3分钟左右，烤饼出炉了！此时老板娘端着水晶糕出来了，老板拿起了铁钳，小心翼翼地将焦黄松脆的烤饼铲起，夹出锅来了，利索地塞入纸袋中。一股鲜香扑鼻而来。我急忙接过，未及吹一口，便一口咬了上去，一边嚼一边“嘶哈嘶哈”地吹着嘴中的饼。闭上眼品味着这如食神下凡制作的“仙食”——对了——就这么形容吧！外松脆、里软糯的面皮，夹着面香，咬断后，躲在里头的“菜食”便出来“表演”香、辣、烫。夹杂着吸入口中水晶糕的冰凉、甜蜜的味道，冰与火交融，在口中盘旋，着实一番绝味在口啊！

沉浸在烫、辣、咸、脆、冰、甜的世界中，我不禁胃口大开，随即拉着父亲冲进了刚刚开门的馄饨店：“老板，来两碗馄饨！”馄饨又名云吞，物如其名，汤中的馄饨轻如鸿毛，似云朵般浮在汤面，让人不禁想一口“吞”了它！呷一口咸汤，顿时感觉“血液畅流”，毛孔全都张开了，馄饨刚一入口，“酸甜苦辣咸”五味尽在我的口中绽开，好似漫步云端，欣赏着天边的云霞……整个衢城这一刻就在我的舌尖上！

如果有人问我家乡是什么味道，别怪我迟迟不回答，因为在那时，我的心早已在衢城的大街小巷“漫游”了！

我 爱 羽 毛 球

我和羽毛球的故事

中国羽毛球国家队，是一支所向披靡的世界级强队。每当看到他们站在领奖台上，项戴奖牌，轻声唱着国歌，十分霸气、酷炫的样子，我就会热血沸腾，憧憬着有朝一日能像他们一样光彩照人！

这一天，随着林丹的一记“暴力扣杀”，比赛结束了，中国队以总分3:1，轻松击败日本队，又一次“卫冕冠军”。看着那飘逸的身影与霸气外露的扣杀，我的心早已飞向了羽毛球场，整日“寝食不安”，只想着练习羽毛球。起初，我偷来了爸爸的球拍。日夜“操练”，虽然从只能“颠一个球”增加到了能“颠二十个球”，却也差不多将他的拍磨得“体无完肤”了。父母见我如此痴迷，只好将我送进了球馆训练。

那一年，我已9岁了！初来乍到，零基础，更何况比人家晚训练了三四年，与同龄人有很大差距。因此，总在和那些不会打球的小朋友练十分无聊的东西。大约过了一个月，我已有些厌烦了。父母似乎瞧出了问题，他们在星期三的晚上一齐来看我训练，我不明白接下来会发生什么，还以为他们是太无聊了，才会来看我训练。下课了，我背上包打算和父母回家，可他们却领我进了主教练的办公室，我既兴奋又奇怪，不知他们唱的是哪一出。忽然，爸爸拿起一个拍子，对我说："接下来你都到主教练这儿上课，不过——"他顿了一下，指着门外的一个小朋友，"你要在半年后打赢他！这个F9平衡拍，也许能帮你。"我接过拍子，这是一把"赤兔红"的配色拍子，拍身很轻，正是攻守兼备的好拍子，可与"的卢白"配色的C7均衡拍相提并论！

再望向窗外那人，他个子虽小，出手却极迅速，小球尤其出众。对手强又怎样？我接过球拍时，就已下定了决心——打败他！我重新找回了对求知的渴望，教练指导我，我要用心理解；教练指导别人，我要用脑记忆。如此，日复一日，仅仅一个月，我就学会了大半的技巧，只是并不稳定。我着了魔似的日夜沉浸在羽毛球的海洋里，即便下了课也要刨根问底地向教练请教一番。又过了五个月，队内羽毛球赛开始了，我也已掌握了大部分的技巧，且完成质量极高，我的对手则自以为是，于是我轻松地在众人面前将他击败。我——这个练了6个月球的人却打败练了两年球的人，在队内的名次直逼前三名，教练认为我是个可塑之才，更加严格地要求我。那一年，我10岁！

之后，我步入高峰阶段，练了两年后，我依靠优秀的球技与灵敏的步伐，赢得人生中的第一块奖牌，又顺利地获得了一尊漂亮、金灿灿的奖杯。在队内也已不是第一便为第二。可好景不长，上了六年级，作业量大增，无数作业如恶魔一般压在岌岌可危的羽毛球课之上，使它不断地减少，由每周5节课减至4节，又由4节缩减至3节。我都担心究竟能否再与它长久为伴。这一年，我13岁！

我不愿割舍，希望我与羽毛球的故事能继续书写！

来之不易的奖杯

我在初学羽毛球时，就有一个梦想：在比赛中拿到属于自己的奖杯，那时连高远球都打不来的我并不知道三年后我会捧得奖杯，自豪地站在颁奖台上接受摄像机的“洗礼”。

事情发生在2018年1月6日的下午，经过一番苦战，我夺取了第二名的奖杯。

那天下午，我和爸爸到杭州的白塔公园球场参加威克多杯的比赛。踏进体育馆，干净整洁。我既激动又紧张。当我将头一扭转向颁奖台时，映入眼帘的是金光闪闪、晶莹剔透的奖杯。多威武！我情不自禁地对它们发出赞叹。我暗下决心：一定要拿到它！

小组赛我的对手并不是很强，所以我轻而易举地出线了。我更加激动了：奖杯离我更近了！但是接下来的十六进八，我变得紧张，动作僵硬得无法舒展，以15∶13险胜，比赛进行到一半时，我差点因急躁而前功尽弃。

比赛中越往后，对手也就越强大。虽然我离奖杯越来越近，但我那渴望拿到奖杯的心，促使我一场比一场紧张，甚至常离输掉就一步之差。这时，爸爸总在一旁鼓励我：“他不是你的对手，自信，自信！”我发抖的腿一次次撑下来，我居然愈战愈勇，不再紧张！

终于打“四进二”了。这场比赛若输，就与奖杯绝缘了！赢则有望冲刺冠军。我再次深陷紧张无力自拔。第一局，输。我的心都快碎了：奖杯就这样离开我了？！不打鸡血怎么行？刹那间，所有系统火力全开，球打得特别到位，竟然越战越勇：夺我奖杯？削你没商量！你看，对方发球到后场，我一拍高远球顶回他的后场，十分到位，他“拉”不到后场只好吊球。我冲刺网前搓了一个球，他挑球不到位，我以迅雷不及掩耳之势跳杀，一连几个火力全开的杀球，球像导弹般“砰砰”直砸。他的气场顿时凌乱不堪！我乐坏了：Yes！我有奖杯了！

最后一场，真正的高手过招了。虽然我败了，但我尽力了，虽败犹荣！

就这样，我最终以第二名的成绩夺取了我人生中的第一个奖杯。望着这个来之不易的、期待已久的、靠自己汗水得到的奖杯，我真正感受到了胜利如此甘甜！

破阵子·为羽毛球比赛获奖献致辞

橙色战靴闪亮，
步伐轻盈登场。
高吊搓扑多花样，
左勾右挑防守强。
掌声震全场。
醉享今日赞赏，
回首苦训繁忙。
定点跑位累欲亡，
体能训练已候场。
岂有白捡奖。

羽毛球，真好！

你可别看羽毛球“个头儿”小小的，其实它带给了我们许多的好处：锻炼身体、新式交友、放松心情……我身为一名羽毛球运动员，与我这位“好伙伴”也十分亲近，对它的益处体会多多。

一、劳逸结合，生活快乐

羽毛球给我带来的一大好处便是放松身心。有一个词叫作“劳逸结合”。“劳”，不用说，那当然是那些“烦人的”兴趣班或补习班了！而“逸”，则是所有人“喜爱的”消遣休息时光了！在这一段时间内，大家可以玩游戏，可以看书，可以画画……若要让我来选，我会带上球拍，换上装备，约小伙伴到球场“厮杀”一阵。双方你来我往，集中注意力击球，生怕自己会失分。当然，即使场上气氛十分肃杀，也还是会闹出一些笑话。如，杀球时跳得很高，很用力地杀，来势汹汹。仔细一看，却被无情的网带拦住了！惹得大伙儿笑哈哈。

球打累了，汗出过了，心也乐了，便回到家中继续“干活”。即使“干”的“活”再多，也不抱怨了——玩过了呀！

二、体育不优秀？别做梦

羽毛球带给我的另一大好处是许多人渴望的——体育成绩“优秀”！每年体育老师打“成绩优秀”的还不到全班的二分之一，让同学们整日“愁眉苦脸”，让“笑”都要加上个“苦”字！而我，我就在一旁冷眼旁观。为啥？我“全A”啊！

这都是羽毛球训练的功劳：每天跑800米，跳绳500个，60个仰卧起坐是家常便饭。“不定点跑位”更是锻炼了我的反应能力，“打点”让我的“沙包掷准”满分……“一分耕耘，一分收获；一滴汗水，一分成绩”。原本的“医院常客”——体育能合格就谢天谢地，到现在的“体育达人”——每年优秀随便考，这一蜕变完完全全归功于羽毛球！

三、领奖台，我的老朋友

记得是一年级的时候，我因拿了一个“三好学生”奖状而一蹦三尺高。当场就被一位同学嘲笑：“一张奖状而已，嘚瑟什么，我家里围棋奖状有一沓呢！”我暗暗在心中定下目标——超越他！一年，两年，三年，我一直在寻找能让我获得奖状的项目，却都以失败告终！直到第四年，我找到了我的“救星”——羽毛球！仅仅两年时间，它把不会握拍的我打造成了一位技艺娴熟的高手，让领奖台上屡屡有我的身影：区比赛，市比赛，省比赛……

仅仅两年，我履行了自己的诺言，看着桌上两沓奖状，我不觉感到十分快乐。类似于吃了世界上最甜的蜜一般！

啊，羽毛球！你是我最好的伙伴，我的一切成就（就运动方面）都归功于你。从零走向一百，虽然看上去遥远，但是你给我修建的一条条“高速路”使我飞快地向前，到达终点。

羽毛球，真好！

情绪直播

这个早上好烦

这个早上是我最生气的早上，因为爸爸又一次把我弄火了。

一大早，爸爸就把我叫醒了。正要睁开眼睛，他拿起眼药水就往我眼里滴。没过半分钟，他又大叫：“起床了，起床了！”我心里想，这个爸爸，我满眼药水，睁都睁不开，怎么起床？“快点，快点！”又是一阵催促。我没办法，只能慢慢地睁开眼，心里很不高兴。于是，刷完牙，我就不停地踢阳台的门，希望他向我道歉。可他一点儿也没有要道歉的意思，我就一直板着脸。他就是不理我，我走出房间一看钟，7:30了，只好快速吃完饭，飞快地下楼。唉，爷爷的电瓶车前轮居然没气了。呜呜呜！只能跑步去上学了。

我又气又难过，一路都在嘟哝：“坏爸爸，这个爸爸真坏……”

这个早上真烦！

搞笑倒霉合体日

“耶！”我高兴地叫起来，“面条，面条！”

趁我“惊天大吼”之际，爷爷飞快地把一碗面条摆到桌上。咦，怎么只有一碗？哈哈，这可不是我们家的晚饭，而是我的私人夜宵！

我得意极了，拿出辣椒酱（这可是我从外婆家拿来的，特别好吃）舀了满满一勺。搅拌的时候，那腾起的热气就像能量卡，把我身上的“贪吃虫”全叫醒了，我艰难地咽了一口又一口的口水。终于，拌好了，我操起筷子，挑起一大簇就往嘴里塞。“啊——”一口吐了出来，拍着胸脯又叫又跳，“我的妈呀，烫死了！”老爸瞄了我一眼，嬉皮笑脸地说：“你妈？你妈妈不是好好地坐在沙发上？”我和老妈同时疯狂地笑起来。唉，真是高兴过了头，笑着，笑着，一不小心又把舌头咬到了。

呜呜呜，我好吃的面条！呜呜呜！今天真是一个搞笑倒霉合体日。

惊心动魄

迄今为止，最让我惊心动魄的事，就是爷爷骑车送我上学。

我有个坏习惯，早晨总是喜欢赖床。起得晚又怕迟到，于是，常常让爷爷“飞车”送我去学校。

今天，我又起晚了。虽然，我用了比往常快几倍的速度，刷牙，洗脸，吃早饭，但分针还是毫不留情地指向了“7”。爷爷总是最贴心的，早就发动好电瓶车在楼下等我了。我一上车，车就飞起来。说来也巧，今天路上的车似乎特别多。我们刚往左一个蛇行，躲过了一辆黄色的小车，一辆白色的小车恰好挡住了去路，眼看撞上了，我紧张得闭上眼睛。爷爷来了一个大拐弯，绕过去了。虽然没事，但这次飘移，真吓死我了！到学校，我感觉我的腿还在发抖。

放学了，早上的惊魂一刻还历历在目，真不希望爷爷骑车来接我。可怕什么来什么，爷爷骑车来了，我十分不情愿地上了车。

起先，一切顺利。就在我稍稍松一口气的时候，吓人的事发生了：在家边上的拐角处，突然冒出一辆大卡车，我们差点迎头撞上，还好爷爷反应快，一个大飘移，快把我甩出去了。

啊，从此，我一定早起，再也不坐电瓶车了。

花样表情包

随着社会科技迅速发展，人们的生活越来越便捷，大部分人都用上了手机。手机能将人们想表达的意思告知你手机另一头的人们。然而，人们对话时，通常会发现文字语言无法表达一些东西，于是聪明的人类研发出了表情包，现在表情包覆盖了许多聊天软件，如QQ、微信、微博……

一、我就偷偷地笑

笑是人类的一种表情，但是只要做成表情包，手机里也能有“笑声”了！

一天下午，手机“嘟嘟嘟”地响个不停，我拿起手机一看，群里的人都在评论一个视频：一个小男孩儿在冰河上滑冰，滑的时候，闭着眼睛享受着，结果撞在了树上，一个跟头摔倒了。更不幸的是他摔倒的那块冰忽然碎了，他掉进了河里。上来之后他冻得瑟瑟发抖……我看着看着不觉咧开了嘴，刚要发送大笑时，又心生一丝怜悯，我翻阅着表情包，忽然，我的目光中出现了一个小人捂着嘴的表情，我犹豫了一会儿发送了，这样即使被转发让别人看了也不会太伤心。

信息量越来越大，覆盖了我的偷笑，但那委婉的笑声却依然停留在那聊天记录里！

二、这下就尴尬了

不管是生活中或是手机里，人们聊天的时候总会出现僵局，现实中这样的平静之后便可能是以“拜拜”结束了。可是在手机里，表情包大侠总会义不容辞地救场。如果你那个周六中午到我家来玩儿，你一定会看见一个小男孩儿正热火朝天地在微信上与网友争辩：“为什么你不同情一下那只鼠？”“可怜之人必有可恨之处！”“但它也是一个生命！”两人你来我往互不相让，渐渐争上高潮，忽然，小男孩儿爆发了：“你一点儿都没有人性！”对方不说话了，大概是真刺到痛处了吧，小男孩儿意识到自己的恶语伤人后他就不说话了，就这样僵持了5分钟。

忽然，对方发了一个表情：一只熊猫用手捂着脸，苦笑着说：“好尴尬啊！”男孩儿趁机赶紧道歉，双方和好了。

关键时刻还是表情包帮了大忙啊！

三、翻白眼

说到气愤，很多人会骂人、打人、鄙视人……我今天说的是另外一种方法——翻白眼！

一个初冬的夜晚，我捧着暖暖的牛奶，躲在温馨暖和的空调房里查资料，忽然手机发出嘟嘟的叫声，原来是同学找我聊天，我看了看，无奈地答应了，聊了半小时，他突然发了一句："今天好冷啊！"我顿时暖意全无，似乎掉进了冰窟窿。这还不算，他又发了一张飘雪的图片，"我的房里似乎又下了雪。"我气愤极了，找出了收藏已久的还未用过的得罪人的表情包。一位蓝衣记者不屑红衣记者的提问，翻着白眼，这儿白一下那儿白一下。真解气啊！

哼哼！惹我王哥，灭你没商量！

不管在现实生活中还是在虚拟世界里，表情包都是不可缺少的东西，希望它能陪伴我们一起继续玩儿下去！

是敌是友

当过学生的人都知道，写作业是把双刃剑，给你痛苦之时，也给予了你无限的知识。对于我这个小学生来说，近在咫尺的这位“仁兄”，我至今不明白究竟“是敌是友”？

假设短时间内不得不说出准确的答案，我通常会选择回忆与作业有关的往事……

记得是2016年的夏天，我们班里迎来了第一位男数学老师——陈文涛，陈老师不仅热衷于思考数学，他还十分热爱运动，与我志同道合，因此成了课外好友。一个凉爽的中午，打完饭后，我正惬意地品味美食，陈老师端着饭菜，快步过来坐下，神秘兮兮地说：“王……王家毅，你吃好……好饭，到我办公室去，快……快点儿！”说完，他便大步流星地走了，我心中暗想：“陈老师如此之激动，定有什么大事，说不定上午我考第一名呢！”想完，我兴奋地大快朵颐……

刚踏进办公室，老师便递来了一大沓作业本和一支崭新的红笔——原来是让我批作业！一样令人欢欣。陈老师一言不发地批了范本，然后便离开了。我的手颤抖着翻开学霸作业本，仿佛里面全是华罗庚的笔记。看着工整的书写、清晰的过程、完美的正确率，我的心为之一振：“啊，榜样！”我再拿起下一本不禁在心中大笑起来：“哈哈，华佳琪的作业本，哈哈！”翻到17页，我不禁傻眼了——20题有17道不会做，顿时我又偷乐起来：“嘿嘿，看看有多少错！”对着答案，我心中默数着打叉的题：“一，二，三，四，五……”我的手不住地动着，笔尖划过的地方都留下了恐怖的大“钢叉”，但是我却过了一把瘾：“当老师真爽！”作业这时似乎成了我的好朋友，令我感到无限的快乐与潇洒……

不过，就因为这样便说作业是我的“好友”，也太过于草率了，还有一件有关作业的让我刻骨铭心的事——赶作业！

“呜呼！三亚真是太好玩了！”从回家的班机上下来，我不禁快活地絮叨着。8月31日，明天便开学了，之所以我大呼“好玩”并非真的有趣，是因为我正打算下午狂欢一下，然后迎接开学，心情十分舒畅！但此时的我并不知道，一小时后，我便要“痛哭流涕”了……

回到家，我便捧起手机联系了好哥们儿吴瑞锰下午聚聚。就在我要成功之时，妈妈大叫一声：“王家毅出来一下！”我忙挂了电话，奔出房门。只见妈妈收到班主任发来的消息，正在对作业。“你作业做完了吗？”妈妈厉声喝道。我的头“轰”地一下蒙了——糟了！作业没做完！下午派对泡汤了！我唯唯诺诺地尽力挽救：“还有一点儿！”妈妈轻蔑一笑：

“哼，小报，科幻画，作文你跟我说做完了？”顿时我傻眼了，连我自己都没想到有如此之多的作业未做，太恐怖了，望着堆成山一样的作业，我……

5个多小时过去了，我累得趴在桌子上。妈妈批斗的嘴却一点儿不累！我在心中轻叹一声：“爱你这个大反派——作业！”

作业，你是敌是友？目前以我的能力依然不能分辨。暂时，我就封你个“两面派”或“碟中谍”的“美称”吧！

是喜是悲

自从中国二胎政策放开后，不少家庭都多了一位成员，给家庭增添了不少乐趣，可是有些家庭中的孩子不太喜欢二胎，我就是其中一员！

一个清香袅袅的早晨，妈妈坐到我的床前摸了摸肚皮，忍不住笑了一下，似乎有什么大喜事降临似的，她摇了摇我的脑袋，我缓缓坐起来，揉揉惺忪的眼，恍恍惚惚地看着妈妈：“要迟到了吗？”“没有。”妈妈仍然满脸笑容，她摸着我的头，然后指了指自己的肚子。“肚子疼，吃药就好了，来找我干啥呀？”她盯着肚子说：“孩子，我要给你生小弟弟了。”这句话像一个晴天霹雳，打中了我，我顿时蒙了，那么我的爱是不是要分给他一点儿？过了一会儿妈妈见我没答复，问道：“儿子，你高不高兴？”我脑中一片空白，迷迷糊糊地答了一句：“喜……喜欢。”“喜欢就好！”妈妈得到想要的答案，就出去了。

一个上午，我反复思考着到底是有二胎好还是没有好。

这两个烦人的问题，仿佛像是两个魔鬼反复徘徊在我的脑海中。有吧，可能父母的精力会多放在他那儿，那我不是变得孤独了吗？没有吧，虽然我达到了自己的愿望，可爸爸妈妈不就失望了吗？经过了两个小时的思想斗争，我的私心战胜了所有选项。我冲到爸爸妈妈的面前大声说出了那一句："我不要弟弟！"爸爸妈妈面对突如其来的抗议，先是愣了一会儿，四目相对，接着是大笑。我一点儿也不明白这阵大笑是什么含义，气得流出眼泪。爸爸抱住我，说："别哭，等你和他相处了，你会喜欢上他的！"虽然，我暂时得到了安慰，暂时风平浪静，但尚存的余孽就像休眠火山一样，只要一点儿刺激必将再次喷发！

那一次，我在街上看见一个二宝缠着他的哥哥，哥哥一碰他，他竟然十分奇怪地摔倒了。家人看看大哭的二宝和一旁愣着的大宝，不分青红皂白抄起柳条就打无辜的大宝。

可恶！不干掉二胎，有朝一日，必受其祸害。我怒发冲冠，直奔父母房间，愤怒地狂吼："你们必须打掉二胎！"爸爸看了看被吓得脸色苍白的妈妈，搂着我，拽到一边："我们给你生小弟弟，是为了解锁你的新技能！""哦？"我十分惊奇。"看你当不当得了好哥哥。"爸爸慢条斯理地说。我又追问："那是不是会像别人家一样只宠二胎呢？""咱们仨多了这十多年的感情，永远只会更爱你呀。"爸爸温和地解释道。我顿时笑逐颜开，暗暗批评自己太不自信！慢慢地我开始盼望二宝早点出来。

宝贝今年5月份就要出生了，我至今仍时常靠在妈妈的肚子上问道：“弟弟，你打算5月份哪一天出生呀？”

我最自豪的事

平日里，有许多令我自豪的事：扶长辈过马路，替妈妈洗菜，给爸爸倒水……但是最让我自豪的非这件事莫属，它可不是坚持一天两天的事，那可是整整三个学年啊！

我上三年级后，参加了羽毛球训练，我很喜欢，可是，训练的时间却让我打了一个寒战——每天下午5点到7点！也就是说4:05放学（那时还没有4点钟学校），4:20到家，吃点心，4:30必须出发去打球，7:30下课，到家简单洗漱下就8:00了，该睡了！哦，我的家庭作业怎么办？眼前立刻出现一个画面：深夜，一个孤独的小男孩儿正在奋笔疾书，一片漆黑，只有书桌上透出一点儿光亮，仿佛是我那累得只剩下一条缝的眼睛……我不觉又哆嗦了一下。

正在胡思乱想的时候，一只手搭在我的肩头。原来是妈妈，她问："你怎么啦，左一哆嗦右一哆嗦的？"

"我想去打球，"我低下头，小声说，"但想不出用什么时间写作业。"

“哦，是这样……”她略一沉思说，“时间就像海绵里的水，只要你愿意挤，总是有的，放学后没时间，那白天呢？放学前呢？”

我听了，觉得有道理，便打算试试。

第二天，一踏进校门，我与作业的战争就开始了！第一节课下课，我并不像往常那样冲出教室，与同学们追逐打闹，而是安静地坐在课桌前，从抽屉里拿出作业，尝试着静下心写作业，可是嬉戏的诱惑太强大了，耳边都是：“王家毅，出来玩吧！”不知不觉中，我就加入了游戏，玩得汗流浃背，头发好似松针，一丛丛，一簇簇，汗水顺流而下。直到上课铃响的那一刻，我才回过神来——作业！我看着空白的作业本，心里默默地批评自己：这卷面可真够“整洁”呀！同时也下定决心：再好玩也得拒绝！拒绝！！

下课铃又一次打响了。这次，我一边做作业，一边默念：不分神，不分神，不分神！真像有魔力似的，耳边的嘈杂声渐渐消失了。任凭同学们用什么花招“邀请”，都无济于事。放学前，我完成了所有作业。哇！我做到了，原来时间真的可以挤。只要做到专心，如此简单！我不禁自豪地对自己说：王家毅，你真棒！

有了这一天的战绩，我几乎天天都能在学校就做好作业，有时还能预测几天后的作业，灵活安排，节省了更多的时间，就算有临时的挪用，也能应付自如。

思考小记

我想不明白

（一）

去练羽毛球的路上，我发现了一个小秘密。妈妈的车是动的，天上飘着的云朵也跟着妈妈的汽车跑，汽车加速，云儿也加速。天上的云朵，好像特别喜欢妈妈的车，我们慢了，它也慢下来；我们不动了，它也停在空中。它的速度和妈妈的车速是一样的，好像是在跟着汽车跑。等我下车了，我跑它却不动了，我站住，它又悄悄地跑起来。为什么它不喜欢和我一起跑呢？我想不明白。

（二）

今天爸爸说带我去外面吃，妈妈说带我去打球，只能二选一。我想去吃饭，可对我来说，学本领比吃一顿饭更有价值，所以我选择了练球。

练完球，妈妈问："是不是没吃到饭，心里难受？""不是。"嘴上这么说，其实心里是有一点儿难过。

妈妈电话响了，她走到边上去接，我在原地等着。一会儿，她过来，说带我去吃饭。到了居然是爸爸吃饭的地方，我的同学张李响也在。吃完，我们还玩儿了那里的投影，特别好玩儿。

但是，我很奇怪：怎么还有二选二的呢？

（三）

一天，我问爸爸："车都一样吗？"

"哦，差不多吧，大同小异！"爸爸想了想回答道。

"大不一样，电瓶车像轻功侠，开起来一点儿声音都没有。摩托车像极速侠，就算你想，也抓不住它。更别说汽车了，它是钢铁侠，人躲在机器里面……"我正认真地分析各种车的不同，爸爸却哈哈大笑起来。

大人的世界，真搞不懂。

两分钟的启示

如果把人的一生比作一部长篇小说，那一个个字就像是人生中的一个个两分钟。两分钟有多长？爱因斯坦的相对论告诉我们：“它有时长，有时短。”

有兴趣的人可以试一试：在你按下计时器的那一刻屏住呼吸，坚持两分钟（当然，千万不要把自己闷坏了。）也许第一秒、第二秒、第三秒甚至半分钟的时候你还轻松自如，可是，这之后，你会渐渐觉得力不从心了，一分钟后，你会觉得每一秒都在煎熬，你能感受到那前所未有的痛苦！当我和朋友们在做这一实验的时候，有一位特别厉害的朋友等到了1分30秒，当我静静凝望他时，他的两个腮帮子鼓鼓的，脸涨得通红，眼睛向上瞟，向左右张望，看上去像吹得快要爆炸的红色气球。果然不出所料，仅仅3~5秒内，他就如同漏气的气球，口中的气全倒泻了出来。

看似十分简短的2分钟，经过这一事件，让不少人感到意外。有些人便发问了：“既然如此，为什么爱因斯坦的相对论表示：时间有时短呢？”其实真相也是如此。

这简短的2分钟让爱听故事的同学留恋不舍，可却让爱卖关子的江老师占尽了便宜！这不，又来了：“同学们，我来讲个故事。”一听到讲故事，同学们立马正襟危坐，洗耳恭听。一阵安静中，江老师开启了故事：“在抗战时期，各地战事吃紧……突然有腻乎乎的东西溅到了他的脸上，他只能闭眼死死抓着依靠物……”正当同学们听得津津有味，听得内心波澜壮阔，表面不动声色，听得回味无穷之时，江老师戛然而止了她的故事。不知情的同学问道：“结束了？”“没有，两分钟过了！”江老师嘚瑟地扬了扬眉毛，同学们顿时恍然大悟：那两分钟默默地溜走了！

双休日在家只看两分钟电视，这是不是让你感受到简直短得转瞬即逝！那么在这不长不短的时间里，做事该如何呢？抄写这项工作告诉你！

我和朋友们比赛抄写，我的动作比一般人快一些，可是一旦被要求写得好看，那便大大减缓了速度！2分钟时间一到，我立刻放下笔数了数，结果令我大失所望：55个。这时，最快、最慢的也都比出来了：最快的如同飞一般写了81个，最慢的如同爬一般写了41个。这2倍的差距使我们明白了一个重要的道理——同样的时间，效率很重要！“麻省理工学院”，世界上最难读的大学，“赌王”的儿子三年毕业，比普通人提前了一年，365天哪，有多少个2分钟啊！

人如果寿命长的话可能会活到100岁，一年有365天，一天有24小时，每小时60分钟，算一算有2628万个2分钟！看似这么多，若有意思地过，生命再短也可以留下很多；若无意义地过，生命再长也没有价值啊！

城市遐想

我尊敬的忽必烈汗啊！你可曾知道我所游历过的那座神秘城市？那里的人告诫我万万不得与爱向他人透露秘密的人谈起他们，不然将受到极其恐怖的诅咒，我想你一定不会，对吗？

站在蒙古的大草原上，正对着你所能看见的最高的山峰（雪山除外），一刻不停地往那儿走。——切记，只能走！来到山脚，用水在草地上拔五根草并放入嘴中咀嚼三下，将含着唾液的草在地上轻轻敲击三下——“滴”一声过后，隐藏在山中的洞门便悄然打开，当时我仿佛短路了一般呆呆地盯着眼前那不可思议的一幕。

门内什么也没有，只是黑漆漆的一片！正在我发愣之时，一个黑影从我身旁掠过，不等我反应过来即早已将我推入洞中，然后关上洞门……我一直向下降落，却并没有平时那般压抑的感觉。正在纳闷之时，我撑在了一个软软的东西上——像是绵羊的毛，却又摸不到羊的肉体，这让我更加疑惑了：

这是哪儿？怎么一切都如此之奇怪？然后，一个洪亮的声音响起：“测验结果为安全！”一刹那，灯光亮了起来，我胆怯地望向四周，只见身边是一群灵活转动的机器人，后来才明白他们是安全检测官。专门检查进入的人类是否安全。我起身望着下面的坐垫：天啊！是一朵白云！带着它走出门，花花世界简直令人眼花缭乱：数以千计的人们生存在这个隐蔽的“小洞”之中，而这所由工程师们建造的地下城市则堪称完美！虽然这辽阔得能覆盖全世界，但（为了上世）他们的隐藏技术简直逆天了——地震时利用传输功能将震动送上地面，人们采矿时开启透明功能，照样可以正常生活而不被发现……

这座城市掌握着全世界最顶尖的技术，楼房不仅在地上造，还可以往地下造，更不用说浮在天空中的别墅了，如果你愚蠢地问工程师一句：“你有什么造不来吗？”他们一定会白你一眼，然后说：“你有什么想法，我就能怎么造，更可以造得比你想象中的好！”两旁奇形怪状的房屋虽看似杂乱、拥挤，其实一点儿也不影响人们的生活质量。灰白两色的建筑却总让有强迫症的工程设计师们头昏目眩，于是他们日夜不停地研究着植物。总算将植物与建筑融为了一体（牵牛花盘绕在两所面对面高楼之间，仿佛两家之间多了一条通道一般）清一色的“灰”让人容易看走眼，火红的凤仙、樱红的玫瑰花片嵌在路旁，好似引路的明灯，又好似迎宾的仪仗……

这里的人们的生活十分有科技感：出行一般都腾电子云、驾中子雾，身上人人配失重调节仪。

地下城市真令我流连忘返！那儿的科技、居民与景观堪比天上人间，大汗，你可千万只能在自己心中幻想，千万不可与他人讲啊！

“大人”

吐槽“大人”，我相信一般孩子都愿意干，毕竟他们经常干些“不惹人喜欢”的事，如：“忽悠小孩”“唠叨式进攻”“冷嘲热讽伤娃心”……

“大人”，是一种自相矛盾的“离奇动物”。说你“是”也好，“不是”也好，总是有他们自己的理由：比如你请求爸爸妈妈帮你整理房间时，虽然你只有七八岁，甚至五六岁，但是他们总会说：“你已经长大了，需要学会自己整理了……”此外，如果你想玩他们的玩具，他们如果不同意则会说：“啊？不行！你还小，等大一点儿，我再借你玩！”什么？你没碰过这样的事？你真幸运！

我曾经有这样一段经历：记得暑假的一天，爸爸要去见客户，那时我已经10岁了，见爸爸抱着一堆资料无法凭一己之力将车门打开，我跑了过去，帮爸爸拿了一些材料，并开了车门。爸爸摸了摸我的头，赞扬道：“儿子，你长大了，开始成熟懂事了！”我听了这话，立刻感觉血液似乎都沾上了蜜！大约5分钟后，车子缓缓地出发了。路上，我突然有了一个十分奇怪的想法：我摇下了车窗，随手掏出了一个塑料袋。将拿着塑料袋的手伸出车窗外，让风灌进袋子中，听着它发出的呼呼声，感到愉快极了！“儿子，你在干吗？”爸爸边问边回头看，见我的手伸出车外，大喊：“快把手缩回来！”我吓了一跳，立刻将手缩了回来。爸爸叹了口气：“唉，你怎么这么天真幼稚？像个幼儿园的小朋友！”我顿时蒙了，心想：刚才还说我“懂事”，现在怎么又“幼稚”了？

唉，大人真是自相矛盾的“离奇动物”啊！下一个事件就犹如《笑傲江湖》中的那“摧心掌”一般，将我的心震得支离破碎！

记得那是一个宁静夜晚，宁静得只能听见蝉鸣声。家家都熄灯休息了，只有我还在流泪练着小提琴。将时间倒置1小时前，我走进家门，妈妈给我端牛奶喂美食，说：“儿子，真是长大了，机灵，昨天就把今天的作业做了。”倒置半小时前，我正演奏着乐曲，但是十分难听。几个错音一再出现，妈妈“爆发”了：“停！停！”我停下了演奏。妈妈继续斥责：“拉什么呢？啊？后天就要表演了，你还是这样的水平，怎么办？你看看你，能不能用点儿心，这几个错音讲几遍了？一千遍有没有？一点儿都不像我，认真做眼下的事。你个笨蛋！”她的脸呈大红色，表明十分气愤。我的心十分恐慌，艰难地想：“难道我真的很笨吗？我不像妈妈，我是别人家的孩子吧！要不然她为什么对我这么凶？”一刹那，左右眼眶中泪水已经开始打转了。妈妈继续“加料”：“我就说嘛，你很没用，只知道哭！不会是没有练琴天赋吧？”我的心仿佛被一万支箭、一万把大刺刀狠狠地扎了！我想：“啊，我没天赋，我没用，天啊！”那种感受永远在我心中，成为阴影！就像穿着薄衣服在北极，又被人踢下了河！大人十分喜爱冷嘲热讽，让你感觉十分痛心！

不仅“自相矛盾”，“健忘”这一特点也是让小孩厌恶至极的：答应你的事情，一天就忘得一干二净。一次，我为了保障自己的权益，还偷偷录了音。第二天，爸爸果然忘了！我给他听了录音，本以为他会束手就擒，没想到他劈头盖脸地批评：“你啊！小小年纪学偷偷录音？今天旅游免了！”“啊？这就完了！”我莫名其妙地呆了。

真想送给大人一个大拇指，并附上一句：“真神了！”尽管如此，我依然明白，大人那么做完全是为我们好。但我还是不免吐槽：“你这方法——过了！”

座位趣谈

“什么？又要换座位了？好不容易有个好座位又要换了！”没错，是VIP座位上的人抱怨。每当换位子时，总有人欢喜有人愁。欢喜的往往是即将逃离“冷宫”的同志，而愁的便是那些VIP座位上的人了！

今天，在这换位之际，我来与众人谈谈“班中妙事之座位趣谈”。首先，我们看到的是班中一、二排座位，也就是平均身高较低的一批同学们坐的地方。这里授课老师严防死守，禁止“灵魂出窍”。播放电影，更极品之座，你想抢座？门都没有！等等，这儿也有令人敬重的一点：坐此座者得严守净化环境这一规则，将“粉笔尾气”吸附得一干二净！嘿嘿，我就是坐第一排的，我清楚地记得那一清晨的经历：那个清香袅袅的早晨，我正在上数学课。早起的鸟儿们似乎因为有虫吃而叽叽喳喳地欢唱着，不亦乐乎。我惊呆了，往窗外瞄去。我的灵魂，飞出了教室，在操场晃荡。我们班有8个小组，我坐在6组1号，算在教室的中间，在周围全部都认真听课的人群中显得格格不入，这时，“红色警报”拉响了：数学老师一回头，一眼就瞟见了我。他走下讲台，朝我走来。3米，2米，1米，90厘米……同桌紧张地拉了拉我的衣服，我连忙收回心，可已无法挽回。一个落下的黑影吓得我往后猛地一躲，撞在了椅背上。“砰——”原来是大三角尺重重地砸在了我的课桌上。“你……你给……给给我站起来！”我只好顺从地站了起来。“你把这题解一下，再坐下：九分之一乘以9等于多少？”“等于1！”我应声答道。幸好一直坐在第一排，往日的课听得清楚且认真，要不然就死定了！虽然坐下了，但还是受了惊吓，背又疼，真不划算！哈，第一、第二排的座位能算得上VIP专座吗？

我们再来看五、六、七、八四排的座位。这四排座位：远离讲台，在校如在家一般。只要不搞出大动静，扰乱课堂纪律，“您”上天都行！但，这是有代价的！这不，又来了：“严悉文，请你回答一下，这一题的答案！”严悉文支吾了半天，也没说出半点有用的东西。“对不起，请你抄一遍！”叶老师委婉地说道。

唉，出来混总是要还的，你就自认倒霉吧！这后面的座位也不理想，那么到底几排座位才是VIP座位呢？答案是三、四排座位！

为什么这么说？因为那两排空气清新，安全，又听得清、看得明。这不总会有人在考试中冲进前三名，让其他同学望洋兴叹！就拿这次考试来说吧，郑思睿夺走了第一名的宝座，而我却以0.5分之差落败。真是厉害呀！而且，三、四排学霸云集，是学渣们抄答案的理想之地！心动不如行动，所以每当老师说要换位时，学渣们用尽三十六计，想方设法进入三、四排，但多半都未成功，足以说明它们气场之强啊！

这才是理想的VIP宝座呀！

虽是这么说，实际上，真正的宝座取决你的同桌：若同桌是一个英俊潇洒、温文尔雅的学霸，就是第八排也无妨；若是一个暴力狂躁的学渣，坐第三排也生不如死！

在此，笔者愿你们在换座位之际，找到心中的VIP座位，那么一个学期，你的幸福指数可能会一直超标！

我是一扇门

我——一扇门——不会走、不会说、不会动，可我就是十分自豪。我可不像普通的“庸夫俗门”一般，配备着最为普通的把手，我可是“赛人间省长级别”的密码指纹锁！

先不说锁的高端、大气、上档次，来聊我自个儿吧，一身“古风漆”大衣，雕刻着花，“擎天柱”与极其帅气的纹理图案，这足以让我在门群中突显出自己的地位——对了，我的个子也高“人”一等，两米四的身高令我能俯视一切事物！

在我的前方有一位专职保护我的侍卫——它可真是忠诚——打我在此以来一直日夜为我保驾护航，为我挡住风沙，抵住雨水的侵蚀，最为重要的是顶住了蚊子，使它们不会全部撞死在我坚硬的身板上，弄脏了我的衣服——谢谢您，纱门大哥！

天大地大，主人最大！尽管我是门中贵族，但每到主人们将拇指放上锁，匹配成功时，我都会毕恭毕敬地说：“开锁成功！”并轻轻将锁打开，身子微微弹出几厘米，使主人便于拉开门。

由于我兢兢业业地为主人们工作，主人们也时常犒劳我，大扫除时，老爷端来一盆水，少爷拿起布蘸水后在我身上擦洗——那感觉真不错——简直和老爷口中的“领工资”一样舒服。纱门大哥多年来一样用心于工作，主人们用毛巾将它身上的“伤痕”（斑点）也擦得一干二净，焕然一新，而我，因为清洁了全身，莫名感觉升至“省委书记”了呢！

这么看来，门的生活极其逍遥自在，其实呢——是你没见过我惨的时刻：老爷命令少爷去倒垃圾，而我是连接门内、外两个世界的主要通道，平时别人要进屋有纱门为我放哨——可有人要出门却没人提醒我。恰巧我正在打瞌睡，少爷按了开门按钮，我并没有回应，少爷有些奇怪，又按了按，我还是迷迷糊糊的。少爷有些不耐烦了，他用力踢了踢我，我感到了一阵剧痛，猛然醒来，接受了指令，见少爷又要飞来一脚，不禁条件反射地躲开了（将锁打开了）——好险！即使是钢板也禁不起踢啊！

唉！躲过了危险，迎来的便是寂寞——当主人一家周末出游时，我只有自寻乐趣地盯着窗外的景物默默发呆——最多也就是与纱门大哥聊一聊：“大哥，又是这么寂寞，您有什么感受？”纱门大哥边凝视着花花绿绿却又单调如一的花草边说：“你看，这如此美丽的花草也不能动，它们却以变换自己来美化自然、适应世界，不也很有趣吗？！”说着，不安定的心仿佛已飞得很远了！

我闭上眼睛，又睁开看了看身体与纱门外的世界，然后觉得作为门，寂寞也是其中的一部分——就像“被开门”“被清洗”时一样别有一番趣味！

我的朋友圈

随着现代科技的飞速发展，人们的手机上又诞生了一个新的社交软件——微信，而微信的一大优势便是让身处各地的人们通过互联网随时随地与自己的家人、朋友聊天，还有个有趣的地方叫作“朋友圈”。

由于我为人谦和，又有一些英俊，所以当“我有微信号”这一件事传入朋友、家人、老师等耳中后，加我微信的人接踵而至。其间，那些推销的，我不认识的“伙伴们”趁着我加好友加得头昏脑涨之时，混过我的检查。成功地获得了一个顾客（好友）。一日，我找人时无意翻到了最底下：“喂，有没有搞错，300人？”我仔细地将那300人分了类，呆得我盯着那朋友圈——“无聊的”“一般的”简直成堆了，在一串串人海中，我努力地追寻着有趣的人……

星期日，我惬意地坐在沙发上喝着牛奶翻着朋友圈。忽然，我的眼前飘过一幅图，上面是一支十分名贵的口红，前方隐约可以辨认出是埃菲尔铁塔，还配上了一句话：“幸福，丈夫送的口红！”放眼评论，清一色“哇，好好哦！我老公有你的那样就好了”“太幸福了”……忽然一句调皮的话，随着我的滑动，像个熊孩子一般蹦出：“出来，幸福丈夫送的大嘴巴子！”顿时我心中有一种复杂的情感——想要放声大笑，我感到很兴奋，终于有一个有趣的人了！

随即，我“猛击”那个人的头像，吴锐锰，我的铁哥们儿！我什么时候加了他的！我的心怦怦直跳，十分期待地点开他的朋友圈，迎面而来的便是一个包袱：惊喜胜利了——××小学成功击败我们小学足球队。什么？直说你们输了不就行了吗？搞得跟过节似的喜气洋洋！虽然看似十分讽刺，但实际上，我的心中已经笑翻了。我手颤抖着发了一句：“兄台太帅了？”他一瞬间回了两句：“谢谢，不过，你叫我兄台一定是吴锐猛兄台吧，我不是吴锐猛，我是他队友，只不过想用他的名字干好事罢了！”

一时间，春风拂过，白里透红的梅花飘下，《一剪梅》的音乐响起……我整个人都像遭雷劈一样……发蔫地回了一句：“打扰了。”他居然不识时机地凑了一脚：“你还会再评论吗？”我发了个“会的”。没等他回复我，就将他删了。俗话说得真是太好了：“帅气的皮囊千篇一律，有趣的灵魂万里挑一！”到头来将吴锐猛有趣的灵魂剥开，原来还只是帅气的皮囊啊！

返回朋友圈，继续浏览，一个有趣的信息映入我的眼帘，再深入理解他所写的文章，我才意识到我见到了个千年等一回的有趣的灵魂了，小心翼翼地回复得到一条令人捧腹大笑的消息：“啊，真惬意！”我喝了一口牛奶，感叹道。

微信的朋友圈中贵人是难得的，在茫茫人海中寻找到的贵人更是珍贵。但是，即使是在那堆无聊人群中也会有令人“始料不及”的事情发生！

生活需要目标

“今天是个小目标，先赚它一个亿！”这话可不是出自我的口——我也毫无底气敢这么说，但这并不代表我是一个漫无目标的人；反之，我所定的目标成就了一个“升级版”的我。

从刚入学至三年级我根本没有那么大的压力，所以对成绩根本没有太大的感觉——直到四年级时，父母劝即将高考的堂哥放弃游戏时，说：“如果成绩连年级前三都达不到的话——浙江省都别幻想着出得去！”我被这句话电到了。如果这是事实，真太吓人了！我如梦初醒，真正意识到了麻烦所在：没有好成绩就没有选择的自由。——该开始用功读书了，别再只顾着玩，万万不可等到进入中、高考的考场时再哭啊！

虽然已经意识到了问题，可时间一久便会淡忘的！怎么办才能让自己永远也不会停下学习的脚步呢——定目标。听班主任说最近要语文竞赛了，我要努力点，争取考个不错的成绩！我在心中暗暗地下决心。

在定下目标后的第一时间，我便立即从书包中掏出一本《知识大全》——大部分试题都摘自这本书。谚语与歇后语的内容，如蜂群出动一般密布在白纸上，不要说我了，就连帮助我一同复习的妈妈也暗暗叫苦。为了完成目标，再烦也得背了！我算了算时间，大概还有两个星期，一周谚语，一周歇后语，完美！事不宜迟，我已开工了，边背边将易背错的部分抄在草稿纸上，当背得头晕目眩时，我便到餐桌上取一些水果食用，恢复一下精神，然后回到书房，继续完成那枯燥的“流水作业”。

两个星期后的周末，我在做最后的整理——日复一日地背诵使得我时不时会来一句“蜻蜓低飞蛇过道。明日必有大雨到。刘备的江山——哭出来的”之类的话语，最后一次背完困难的句子后，我已疲惫不堪了，吃了点水果，我休息了一会儿，忽然一阵空虚划过，怎么感觉目标完成后就无所事事了，这可不太好啊！既然如此，那么就再制订一个目标吧……

第二日考完后，我并没有像往日一样尽情放松，而是投入了下一个目标——删去多余的兴趣班，将所有要上的兴趣班认真地上！这两个目标似乎并无什么相关，但却都很重要——它们象征着我要对我自己进行系统升级了！

考试得了年级第一，兴趣班学得扎实了许多，我的整个人已完美地进行了蜕变，鲜亮的成绩是人人都可以看见的！

目标对于一个人是十分重要的，尤其是当你毫无把握能否坚持下去时！所以有一个十分正确的道理曰：生活需要目标。

监考那些事儿

考试，在学生的眼中是一件痛苦的事，所以他们经常抱怨："考考考！老师的法宝！"但他们并不知道，其实老师们也十分讨厌监考！

如果一场考试是一次战斗，那么考生冲锋陷阵与敌人——试卷奋力厮杀的同时，监考老师也在与他们的敌人——无聊的时光奋力厮杀！这不，期末考试、中考、高考一股脑儿地来了！是时候曝光一下"那时候，监考老师做的丧心病狂的事"了。

先来说说中、高考吧，这两场考试可是令许多人失眠了几晚的！但它不光让学生煎熬，也让监考老师伤透了脑筋：这两种大考可不比小学生考试，可以玩手机，可以坐下来……那些老师究竟是怎样度过那语文的120分钟的？据业内人士透露：第一个20分钟，老师会先想象自己伫立在埃菲尔铁塔的顶端，眺望着底下奋笔疾书或是想偷看又不敢偷看的同学们。过了20分钟，他们便站不牢了，于是便绕教室巡视一圈，搞点儿新鲜有趣的东西“八卦”一下：哟，这个男生还挺英俊的；咦，他们班的黑板报怎么这么好看；嘿，怎么没人作弊让我抓一下……又过了20分钟，老师们会看一看表：嗯，还有80分钟？于是，老师们便看学生们做的试卷：啊呀，这什么题，这么奇葩？我的天！这么难的题目能全对算我输……秒针走了40圈，已经累得喘气了！学生们如此，“忙活”了半天的老师们也准备找个地方靠一下。这时，老师们已经有些不耐烦了，他们便无所不用其极“各尽其责”了：语文老师在编对子：“文森”对“武林”，“荣根”对“秀珍”……数学老师开始自己给自己“挖坑”，出个自己一下子解不开的题；英语老师会想象自己如果拥有了美国的“绿卡”该如何；科学老师会从“玩自己身体”之中找科学现象……最后20分钟，来来来，靠一会儿，看看表，如此反复，死熬最后20分钟。终于老师们兴奋地说：“同学们，放下手中的笔，离开教室，我要收卷了！”终于，结束了，老师们“如释重负”。

再来说说我自身的经历：这是五年级下半学期的期末考试，我拿到试卷后便“埋头苦干”。突然，我的感官发出了信号：有人在盯着我！我抬头一看：监考老师伸着舌头，绷着脸，右手握着笔，左手拿着本子，一边看着我，手中的笔不停地动着。我吓了一跳：难道我太帅了？还是我被他污蔑作弊？我轻声问了一声：“老师，咋了？”老师一愣，放下了手中的笔和本，巡视去了，我偷偷站起来一瞄：妈呀，画

的是我！比我的“自画像”画得还好！不过，他能无聊到这个地步我也是醉了，无话可说！

嗬，原来平时看似严厉的老师也有如此有趣的一面！我还是当考生吧！至少有事可做！

琐事小记

体育课

体育课是我最喜欢的课，下午第二节课就是体育课。我盼望着，盼望着……

体育课终于来了。我们排着整齐的队伍，雄赳赳气昂昂地来到操场上。“今天，50米，测试。先热身。”体育老师说话总是这样不带表情。女生们的哀怨，他仿佛没听见似的，领我们去了跑道那边。

别的我不敢说，跑步还算快，50米不是事儿，哈哈！体育老师让我们按学号排好，男生一列，女生一列。一个男生对一个女生。我排在前面，没过多久就轮到我了。我跟一个跑得算不得快的女生比赛，随着体育老师一声哨响，我便像离弦的箭一样冲了出去，瞬间便拉开了好一段距离，心想：就算走走，她也应该追不上我了吧！哈哈哈！我放慢了速度，骄傲地昂着头，目不斜视。跑到一半时，我才得意地往旁道瞅了瞅：咦，去哪儿了？不至于落在后面看不见呀！不好，她居然超过我了！妈呀，吓得我用了吃奶的力气，才勉强超过了她。好险，总算保住了面子！想想不免惊出一身冷汗。

做事果然不能大意，大意失荆州啊！

呜！差0.5分

发试卷咯！我抱着满心的期待踏进了教室。莫名有点慌，我的心不禁咯噔了一下，果然成绩并不理想！

我原来自信满满：全班第一！可是事实是0.5分之差，我被郑思睿实力碾压了！我究竟错在哪儿了呢？弄清楚了，下次再努力才有方向啊！

我将领到的试卷从头到尾仔细地看了一遍。哦！原来是粗心酿的祸，自我检讨模式开启。

检讨员：你看看，你看看，你是怎么了？选正确读音的一组呢，怎么会选到错误最多的那一组上呢？还潜（qiǎn）入处（chù）理，潜入不说了，处理不是第11课讲过了吗？是处（chǔ）理啊，这两分不扣不就稳稳地拿第一了，你考试的时候有没有好好地拼读，是不是慌里慌张，贪多求快了？

我：是的！对不起，对不起，我错了，下次一定认真做一遍，再检查一遍。我好好订正：支撑（chēng）、晕（yùn）车……好了，我已经订正10遍了！

检讨员：好，那我们来看下一题……（两眼直冒金星，嘴中大量喷血）有毒啊，你用脚指头想想也知道啊，“犹豫不决”当然是犹豫着做不出决定的，怎么会是感觉的觉呢？

我：我当时好像脑子里一闪而过出现了“觉”于是便填上去了，我知道错了，平时太不注意相近字的区别记忆了，下次一定注意，不会再犯了。我已经用红笔作备注了，以警告自己不错第二次。

检讨员：好吧，那你一定注意，细心一点儿，你看，是不是又一分白扣了？失败乃成功之母，知道错了就改，还是会成功的。血量有点不足，我就不再啰唆了。

我：检讨员休息吧，下一题我刚刚揣摩过了。

检讨员：行，我看看又是什么“吐血题”，让我开开眼。

我：“短文中的第一个鱼”是指作者钓到的大鲈鱼，可我却错写成了现实生活中的鱼。我来解释一下，在考试的时候，我没有深刻地去读句子，不太理解有些迷迷糊糊一看：“钓到的”，我便不顾及文章，写了上去，还有一点是因为我迷迷糊糊地想起老师上课似乎这么讲过，于是我便大胆、放心地填写了答案。

检讨员：还不错，接下来的判断题错误是因为没有仔细阅读短文吧？这么大一块写着大大的“毒”字的肥肉还是被你一口吞了啊！

我：呵呵……最重要的还是最后时间来不及了，我的作文质量不高，但老师还是放了我一马，让我得了29分，真感动！

检讨员：算你小子命大，我帮你总结过了，致命三要素，不细心、不审题、不动脑子！

我：第三个“不”太让宝宝心酸了，我一定要努力争取取得更好的成绩。

检讨员：呵呵，好期待——

这次为0.5分伤心的我，下次一定让那0.5分为我骄傲，等着瞧！

瞧，冬泳就是这么爽

有一项受人欢迎的运动叫作游泳。但它的“兄弟”却是一项“奇葩”的运动，尽管如此，挑战极限的人们依旧纷纷向它“宣战”，身为“敢死队员”的我，不免也开始“作死计划”。

时值冬日，北风呼啸着，如一群饿了三个季节的猛兽争先恐后地扑向人们，企图钻进他们的衣服，雪花小精灵突然成了北风的帮凶，引诱孩童们的手裸露在衣物外，被北风尽情地啃食，也不收缩回去。这时的我里三层、外三层地将自己裹得像个包裹，等着“好心人”发现我。大约过了10分钟，我刚刚暖和起来，一个“好心人”便立即将我拖上了如冰窖一般的汽车。“儿子，我们待在家里太冷了，去阳光水岸游泳，如何？”爸爸神秘兮兮地试探我。“好啊！”我爽快地答应了，却浑然不知此时我已一只脚踏入“鬼门关”。

发动机的轰鸣声消失了，不错，眼前那所黄色的健身中心便是“阳光水岸”了，望着室外那微波粼粼的水面，加上风吹拂着我泳装之外的肌肤，我猛然意识到爸爸那神秘微笑的含义——冬泳。我回头望着他，他老人家躺在“安乐椅”上喝着白开水，用手机斗着地主装模作样地晒着“日光浴”，舒适极了，我看得咬牙切齿，我穿着大一码拖鞋，原地不断蹦跳，才得以保暖。“没办法，来都来了，先试试水温吧！”我暗自思忖。也许是一股怒火冲刷着我的心头，打在身上的水竟与体温差不多！我想都没想，为了取暖径直跃下：“啊——”

我惨叫一声，差点儿让周围的人以我为主角，看了一场“珍爱生命，远离冬泳”的宣教片——一瞬间的反差太大了！与冰不相上下的水温让我想一展“迪斯科”的风采。完全被先前那一波水蒙骗了啊！当即，我“飞”上了岸，再一次望向泳池，风吹起的“皱纹”好似是池子在笑。它嘚瑟地瞧着无从下手的我。基于上次“出色”的表现，我对游泳产生了畏惧，这时无意瞄到了爸爸那带有讽刺意味的笑，敢小看我？我气急败坏，不等“池水”反应过来，便扑了进去，打了它一个“措手不及”。游了一会儿，我便“反客为主”先发起了攻势。双手前后地拨着水好似扭着它的皮肤，双腿用力地踢着水，好似是踹它的身子。可能是它“反应过来”了，见自己被“痛打”便开始了反击：我溅起的水花被池水利用了，反过来攻击我了，每当我的躯干离开水，那溅起的水花便骤然落下，像一堆从天而降的小棒砸在身上！我的心顿时分成了三份，其中一份叫着“痛”，另外两份叫着“爽”。忽然，我感觉势头不对——游得越久，出的力越多，反而越累越冷了？！没错，在“千年难得正经一回”的老爸的“魔鬼指导”下，我宣告——感冒了！

不过，说实话这是一项让人感到“爽”大于“凉”的运动。一句话表述：“冬泳就是这么爽！”

披着加厚的羽绒服，又吸吸鼻涕，看着窗外银装素裹的万物，我的心中再次回想起冬泳的场景，不禁感叹道：“冬泳好爽啊！”

乘坐公交车

乘坐公交车，一件十分简单的事情，为什么值得大做文章？答：因为这是一次不一样的经历。

早上8点10分，原本9点30分上课的我早早地来到了琴行。在路上的时候我一遍一遍地问爸爸："是不是在老师家上课？"爸爸十分肯定地告诉我："不会的，就去琴行上课！"我只好听爸爸的，到琴行上课。按常理来说到琴行后，过半小时老师就会来上课，于是我便放下东西坐下来休息。可是时间一分一秒地过去了，半小时后我连老师的影子也没看见，这时我才得到消息在老师家里上课。

我跟着琴行里的阿姨到楼底下的公交车站，坐公交车，我的心跳得快极了，因为这是我第一次自己一个人坐公交车。想起那些人贩子我就不寒而栗。

在这种恐惧假想中，车——进站了！我想了想，最终还是大踏步走上了车。

上车后，我发现一位阿姨旁边有一个空位子，但我却不敢走过去坐下，不难理解，我担心那位阿姨是人贩子。有些人觉得不可能那么巧，但是——万事皆有可能！但我总不能站着吧！这样太危险了，万一一个急刹车没站稳就会有飞出去的风险。突然我想：“如果她要拐我，我就用所有东西一个一个扔她，再喊救命！”所以我昂首挺胸地走了过去，手里紧张得攥出了汗。但阿姨望着窗外的景色，还有手里的手机，丝毫没有注意到我，我想她一定在使我放松警惕。于是我更加警惕了，十分焦急：怎么还没到！！！

终于，到站了，我箭一般地冲下车，看见了前来接我的老师，我心中的大石头终于落地了。

这次乘公交车真是有惊无险啊！还是多提防点儿好！

停电之灾

灾难是可怕的，而“发作”前都不打招呼的灾难，更具有杀伤力！我总以为这样可怕的灾难与我有十万八千里远，没想到它今天用实际行动刷了一波“存在感”……

前一秒晴空万里，下一秒——黑漆漆的云朵由东向西迅速地压了过来，似乎十分不吉利的事情要发生了。果不其然，陈老师正津津乐道着每日的做题技巧，同学们毫无睡意，忽然灯似乎工作了太久，随着“啪”的清脆一响，吊灯们不约而同地合上了眼睛。紧接着电风扇也像刚跑完800米的运动员一样，累得失去了动力，停了下来，同学们大吃一惊，好似有人指挥一般，脑袋齐刷刷地望着教室左上侧的两台空调，像抓住了救命稻草一般：“空调兄撑住啊，希望全在你这儿了！”然而空调哪承受得起如此巨大的压力，不一会儿也停机了。同学们一个个像泄了气的皮球，垂头丧气的。天空密布的乌云正好成了背景，陈老师为了继续，不得不将满脸惊奇收回，装成严肃的神情：“好了，同学们！看这儿，这道……”可是失去“命根子”的同学们，在这样炎热的环境里，哪里听得进去呢？

“喂，今天为什么会停电？”“会不会是校长想绑架我们……”美术课上，同学们嘈杂的声音毁了整节课！每当同学们拿起笔准备作画时，“停电”这一个词就会占领整个头脑，于是，便又会与身边的同学们开始有趣却沉重的话题。最终，姜老师忍不住要帮手足无措的实习老师一把，从后门探出了半个身子，威严地结束了这场混乱的谈话。

下课铃一响，同学们纷纷掏出水杯，作势要喝水，可不少人倒了半天，滴水不入。喝了太多，现在没了啊。“空调可少，不可少水啊！”忽然，同学们似乎想到了什么，对！三班和四班的中间夹着一条过道，过道中有饮水机，顿时人群如蜂拥般地冲向楼下，可他们忘记了一件非常重要的事情：停电了！果不其然，回来的没有几个能像我一样神采飞扬的，因为我至少还有少许水，我十分后悔说了这句话，因为一大拨如僵尸般快渴得脱水的同学轮流向我的水发起了进攻。几位渴得不能再渴的同学，发了疯似的借来了电话手表，求助于家长。给力的家长如美团外卖的派送员一般，分分钟把水送到了门卫室。

思潮起伏的同学们哪有心思上英语课，祝老师却在没电的情况下勉强集中同学们精力。可还是如一根欲断的绳子一般。终于，那最后一击来了：突然，一阵“噼里啪啦”的声音响起，这场雨来得使人防不胜防，彻底攻破了同学们集中的精力，但大家都纷纷喊着“万岁！”

这样的收尾有些牵强，但还是不错的，让人浩气长舒——总算见到水了！这样的停电的日子还有多久才能结束呢?

我的宝贝

目光从书本上移开，不知不觉中飘来了一张地图——那是斯里兰卡的地图。虽然距今已有四个多月的“历史”了，但是我依旧忘不了获取“宝贝”的跌宕起伏……

7月底，我去斯里兰卡游学。上了飞机，我看斯里兰卡地图特别可爱，心中暗暗盘算：我一定要买有“斯里兰卡”地图纪念品回国。然而，第5天了，我也没有发现有人卖这样的玩意儿！我很沮丧。“他们怎么这么不爱国？”我抱怨着。最后一天，抵达科伦坡，小城很美。多么希望这里的精品店能给我一个大惊喜！

踏进店门，随着“叮咚”一声，5分钟的“寻宝”时间开始了。我十分渴望找到地图饰品，便左右开弓，火急火燎地翻遍了一楼，没有！细查二楼，三楼，四楼，没有！不应该啊！我猜，调皮的地图一定是不想让我一帆风顺，它将自己藏在了某个隐蔽的角落里，犹抱琵琶半遮面，跟我玩捉迷藏。继续！服装店，没有！零食小吃店，没有！玩具店，没有！

我几乎崩溃得要哭出来了：“为什么没有？！”

“一分钟！只剩一分钟了！”算了，花点儿时间买点儿别的吧！我回到了一楼的精品店。我不再如同热锅上的蚂蚁，心平气和，堪比水平如镜的桂林山水。我记得精品店里最后一排是一堆类似于珠宝、挂件的小东西，妈妈最喜欢的。我火速奔向那儿。眨眼间，就到了目的地。宝石堆成小山，琳琅满目：心形的，弓箭形的，类似于钻戒的……看着看着，我花了眼。这时，一个小女孩儿撞到了我，我的手下意识地往前方的“活页挡板”一撑。忽然，我看见那藏在挡板后的东西，差点没让我哭出来——“斯里兰卡地图”！

“踏破铁鞋无觅处，得来全不费功夫。”我心中感慨道。我将它小心地捧在手上，仔细地端详，这张地图十分与众不同，它十分小巧，也很厚实，刚好是斯里兰卡的全国地图，没有任何多余的部分，通体柠檬黄，背面蓝色，正面看仿佛镶了一圈蓝边，莫不是在表示斯里兰卡在印度洋上，地图上标注着各地的名称，并以图例的形式，说明了各地的特产。它令我爱不释手，我立即至柜台：“Sir，I want this one！”突然我英语进步了，虽然那地图要500兰币，我狠心咬牙当机立断，买下了它！

如今再次端详它，使我充满了对那美好经历的回忆。我深深地喜欢这张来之不易的地图，我愿用我的全部情感和力量守护它！

书包里的秘密

一年365天，几乎300天的生活都有书包的陪伴，爱，恨，烦……种种对书包的感情交杂于我们的心中。若不是非正常的学生，那么书包里装的一定是书、本子、文具等学习用品，然而这种正常的学生是少之又少，我也不例外……

像我这样反常的学生，书包里一定有秘密，看在你我是“同类”的分儿上，我勉为其难地告诉你吧！有时，作业没做被老师发现，比作业没带被老师发现还要惨！记得是三年级，我干了一件“好事”。“丁零！”上课铃响伴随着如和煦的春风般清脆悦耳的音乐打响了，“同学们，请将周末让你们写的作文交上来！”我吃了一惊，“什么作文？”不料没控制好音量，失声叫了出来，被站在讲台上的老师听到了！老师死死地盯着我，同学们用诧异的眼光望向我，气氛一片沉寂……老师洪亮的声音传进我的耳朵：“你不会没做吧？”我停顿了片刻，脸涨得通红，心虚地说：“不会啊，应该在书包里。”我假装将头和手伸进书包里找日记本，实际上正准备将日记本藏起来。我能感到老师盯着我，他的目光似乎是火焰，将我的身子烧焦了！我准确地找到了书包最后面一层的口袋——那个看上去不存在的口袋，由于整个口袋颜色与书包颜色统一，所以看上去是书包被补了一块。我的手在书包背部摸索着，终于摸到了一条缝，赶紧把日记本挤进去，然后抬起了头。“找到了吗？”老师问道。“老师，我忘带了。”我小声地说，老师不相信，从我手中夺过书包一样一样地拿了出来，就是没有发现，最终他让我第二天带来。书包，似乎救了我的命！我对它的好感瞬间便提升了不少！

这厉害的书包将我这要判“死刑”的“犯人”减轻至“有期徒刑一年”，让我对它感激不尽。但更厉害的还在后头呢！

手机是学校禁止携带的，可我这种爱手机的宝宝是一刻也不想离开它的。将它藏在书包不起眼儿的一个小口袋中，“混”过了妈妈的检查。本以为能完美地等到放学，等妈妈的时候玩一玩，可那段小插曲让我吓了一跳。午休开始了，正当我准备拿书时，一不小心播放了一首《小苹果》：“你是我的小呀小苹果，怎么……”熟悉的旋律在耳畔响起，大家突然齐刷刷地抬起头，我的心绷得死死的，仿佛林中的小兔被猎人发现了。突然我灵光一闪：“旁边幼儿园的歌蛮好听的！”随即哼了起来，大家也跟着哼了起来，直至老师喊“停！”我便悄悄关了音乐……真的太惊险了！这下我松了一口气，拍拍书包：“唉，摆错地方了！”说着不禁为自己的思维敏捷而感到开心，好似吃了蜜一般！

书包是一个憨厚的朋友，什么秘密都守口如瓶。“若我没上学，就不会有书包；没书包就没有这样一个有趣的秘密！”我的心中喃喃自语道……

“神游”学军

世上有两场决定人生的考试，一场是“中考”，其二便是“高考”了。这两场考试是相互关联的。在我看来，上一个梦寐以求的中学便能离梦想的大学更近一步了。如今没有人知道，我居然会歪打正着地进入一等一的中学——“学军中学”参观一番……

比赛已终止，本打算在杭州游玩一晚，偶然路过省城屈指可数的名牌中学之一——学军中学。在好奇心的驱使下，我与爸爸修改行程。学军中学的大门别具一格，与其他“只建不缀”的学校不同：在校门最右侧，一片花组成的五彩斑斓的小花海极具特色，花的艳丽与灯光融合，提升了校园门的光彩；一朵类似于牵牛花一类的“攀缘花”早已藏在小花海后的一块石碑上了，不出所料，碑上似乎刚用金箔刷过，“学军中学”四个大字熠熠生辉。目光转移至最左侧“豪华版”门卫室，室内，保安所需的东西应有尽有，甚至还有一张沙发可休息！门卫室顶端冒出了一段曲折的，却是由直线构成的不规则图形，在空中划过一条线贴在了石碑上。大门是伸缩门，崭新的，移动自如，通行极为方便。

连大门都这么美，学军到底有多么宏伟、美丽呢？不等爸爸反应，我早已先他一步，进入了校园。

时值夜晚，教学楼灯火通明，寂然无声，丝毫不受门外车水马龙的影响，仿佛一根针跌落在地上，那响声便足以回荡在整个校园。站在教学楼前的小操场上，两旁竖立着校园的荣誉，使我迫切地希望有朝一日我的名字可在板上出现，那是多么美的一件事啊！刚开始，我有些胆怯，不敢进到教学楼中，只在楼下的空地中盘旋，花草树木簇拥着雄伟的教学楼，一楼的设备一应俱全，医务室，茶水室，娱乐室……我被眼前的美景所迷惑了，仿佛自己已成了学军中学的学子。边喝边玩着奶茶，趁课间完成重要的作业，为放学后减轻压力，约同学一起打会儿乒乓球，心中此时只有两个字：真美。忽然，爸爸催促我要离开了，我想到教学楼还没欣赏，立刻奔上了楼梯，楼梯与门卫室的图形极其相似，似乎预示着人生会遇到挫折，但无论何时都要直面应对。忽然“哗哗”的流水声入耳，往下俯视，我差点儿惊叫起来——河！“红花流水学子勤，这真美！”我的心中兴奋至极。但无论如何也不能打扰那些高考冲刺的大师兄、大师姐们，我蹑手蹑脚地进入一楼后又发现了世外桃源：地下还有一层！我飞奔下楼，最左侧的昏暗中隐约可以看见几十项大奖，奖杯有的是盘形，有的是杯形，有的竟如细绳盘绕……好像世界上各式各样的奖杯全在这儿了。回到楼梯口，辽宁舰与港珠澳大桥的模型栩栩如生，神气极了，可见学子们的努力与坚持。退出教学楼，灯火依旧不减，抬手看表已经10点过了，学子们可真有毅力与耐力啊，学军中学学生们——真美!

离开校园，学军中学的景美与人美在我的记忆中扎下了根，这是我勤奋的榜样，无比期待将来有一天我再与学军相会！再与这一切的“美”相会!

秀才遇兵的教训

那是我终身都不能忘却的经验，那是鼓励我勤奋的力量，那是我将要痛击的敌人，那是刻进我内心的一个教训！

星期三放学后，我总要坐妈妈的车去训练羽毛球，今天也不例外，妈妈那熟悉的车牌出现在我的眼前，我高兴得一蹦一跳上了车，一看点心是我最爱的核桃肉酱配小馒头，心情更加灿烂。边吃边和妈妈聊着学校里的事，一路欢声笑语。

不知不觉中，车子来到了西安门大桥，车速变得好慢好慢。我不经意间看见了一个年轻的帅哥似乎在朝我们吼着什么，妈妈也感觉到不对劲了，她摇下了后车窗。刚刚放下车窗一股脏话伴随满嘴的恶臭便冲了进来："……你有病啊？挤我！挤我做什么！"

"没有啊，我正常行驶本车道，是你歪！你现在往空处去了不正好？"妈妈微笑着说。这时我们车道的前车刹车了，妈妈也停下来。

"这道是你家的？就你挤我，你还辩解什么呀你！真好笑！……”他钻了个空子回到自己车道，随即一加油门，与我们车并排停住，后面便听不清骂的什么了。

“看你想超车，先是让不了，后来不是让你了，都骑在线上了，超完了，你开回道去，不是挺好，互相理解……”妈妈又摇下前车窗想再解释下。

那人越骂越难听……

我已经十分愤怒了，真想一脚把他踢出10米开外！我又听见他骂得更响了：“……小心撞死！”我不自觉已经握上了拍子！

妈妈见我如此冲动，说：“儿子，咱文明人，别和他计较了！”我望着妈妈争辩道：“他骂你，我不能忍受这样的屈辱！”

“有什么关系，妈妈都没生气！”这时，我松开了球拍，点了点头。

绿灯亮起，我们向前挪动了，那位“丑得不能再丑”的“大叔”还一点儿没有羞耻心，又是朝我们吐口水，又是朝我们拍照，还故意用车头做妨碍我们的动作。

妈妈瞅准了机会，往前挪了个位，这样就不和他并排了，我们安全了不少。我站起身，用相机拍下了那位“魔鬼”，心里暗叹道“这世界上真有这样的人？”我对妈妈说：“妈妈，他还在骂我们！”妈妈却不知在看什么，久久不答复。

眼看我们就要过路口了，绿灯闪了，是要红灯了。妈妈动了一下腿要加速了？好，闯过去，我们终于可以甩开那恶男了。突然，妈妈一个急刹。定睛看时，才发现那个家伙，不知什么时候从旁边蹿出来，想制造一起我们撞他的事故。幸好妈妈反应快，刹住了。红灯正好亮起来。“好险，这人太阴毒了！”妈妈伏在方向盘上平复情绪。那车在前方停了一下，嘚瑟地开走了，我的脸色暗淡了，一颗颗冰凉的泪珠划过我的脸颊、心上。

虽然已经过去好久了，但我依然清楚地记得那张脸长什么样，我要做什么！

我发誓，我一定用心努力读书，长大才有办法治这种人，让其他人不再受这样的委屈！

有容乃大

“我们不要他！”这已经是第七次出现在“春游分组讨论会”中了，大家都将矛头指向童子衍——那个身上散发着汗臭味儿、调皮的大个子男孩儿。为何会有这样尴尬的情形？这件事说来话长……

俗话说：“不怕神一样的对手，就怕猪一样的队友！”只有找到心仪的朋友才能好好地春游，春游是学生们的最爱，谁都不愿毁了这份美好！所有人都希望自己的组里最好全是精英，别出现邋遢的“烦人精”！但似乎老天想戏弄童子衍，使他撞在了枪口上。

“讨论会”一开始，同学们便组成了“预选队”，定下了初始的阵容。我的“精英队”阵容十分完美，便下定决心——一定不改了！但我怎么也没想到，会有意外发生；大约5分钟后，当叶老师准备登记小组时，“落单”的童子衍这才弱弱地举起了手：“老师，我没有组！”叶老师抬起了头，诧异地打量着童子衍，问道：“你不是和裴文博一组的吗？”还未等童子衍回答，裴文博有理有据地说："因为他一出汗，身上就很臭，我不跟他一组！"虽然叶老师觉得这个理由很荒唐，但她依旧问同学们："同学们，你们有谁愿意换童子衍的？"顿时，女孩子们个个向后缩，男孩子们瞟向了别处，一点儿也不愿意因童子衍而离开原先喜爱的小组！

看着这情形，童子衍伤心地低下了头，眼泪在眼眶里打转，但他意识到自己是男子汉而忍住了，原先如此活泼的童子衍此刻脸色非常暗淡，不免让我感到有些伤感——他以前是我的好伙伴啊！叶老师一组组地询问，但得到的答案总是："我们不要他！"童子衍的头越来越低，那一句句话好似有重量似的压在他的头上。他双手支撑着身体压在课桌上，双腿直直地站着，忽然，一滴晶莹的泪珠随着"啪嗒"一声滴在了桌上，我干涸的心被这一滴泪给滋润了，我的脑海中掠过了与童子衍一起玩耍的情景，不禁想："我和童子衍的交情一定比班中其他人与他的情谊深，每当我绝望、伤心时，他都会尽其所能地安慰我、帮助我……难道我会因为他身上的异味而抛弃他吗？不会的！现在好朋友有难，我也应当尽力去帮助他！可是，组员早就定好，退谁都不好呀！我左右为难。这时，杨奇鑫的一番耳语让我下定决心。不能再等了！我猛然站起身，大声说："老师，我组要童子衍！"童子衍像溺水的人抓住了救命稻草一般，抬起了头。不仅同学们，连叶老师也送上了掌声……然而，为难的事开始了，谁去别的组呢？经过紧急的商议，最终，因为有一组很想要舒奕睿，他就被送走了。

下课铃一响，去办事回来的方心童得知此事，脸涨得通红，急得跺起了脚：“不……不行！童子衍？绝对……绝对不行！”他气得结巴了！因为，之前童子衍跟他有过节！在全组成员的一番劝说之下，他最终也释然了。次日早晨，童子衍带来了十分美味的大蛋糕，旁人也只有驻足痴望的份儿了！

若我当时抛弃了他，那么他一定独享着美味的蛋糕，十分寂寞。但现在呢？他和我们非常融洽，共同享用着美食，空气中也洋溢着快乐的气氛！宽容地待人，有时也是一种关爱，这份关爱既帮助了别人，同时又帮助了自己！

活动回放

运动会

“加油！加油！”赛场上的加油声此起彼伏。400米的比赛即将开始，运动员们正紧张地做着赛前准备，我也是其中的一个。这一次，我遇到的对手都非常强，绝不可以掉以轻心。“加油，速度，我就是速度！第一名，冲冲冲！”我模仿着闪电迈坤悄悄给自己加油。

开始了，裁判高声号令：“各就位——预备。”我紧张极了，小心脏像装了七八只小兔。“砰——”枪响瞬间，我一马当先，可是后面那两个大长腿飞快地追了上来，毫不留情地超过了我。“拼了！”我使出王氏独步，一个劲儿地向前冲冲冲！不一会儿，我感觉有点胸闷，开始气喘起来。脚下却丝毫不敢懈怠，半点儿也不敢慢下来，只能张大嘴巴喘粗气。可惜，直到终点也没能追上前边的两个大长腿，只得了第5名，嘴巴里却好像已随时能喷出血来。

刚放松下来，6×50米又开战，我是第一棒，我的心简直是1分钟跳200下。要不人们怎么会说“万事开头难”？第一棒出差错，会对后面的运动员造成极大的影响。我可不愿做这种“罪人”。发令枪响了，我使出百分之二百的努力向前飞奔，不久就看见郑亦骁了，顺利地把棒子交到他手上，他撒开腿加速，像离弦的箭一样飞向第三棒。第二棒的交接也很干脆。顾不上看后面的比赛，直奔向终点，找到余老师，她遗憾地说：“你们跑得有点慢，恐怕没有名次。”不会吧，我觉得挺快的，可事实是无情的，我们果然没有名次。

比赛是有赢就有输。我们很努力地去做了，就没什么可后悔的！

你好，陶泥

星期六的早上，才六点半，我已经醒了，醒得这么早是因为今天是我的生日，生日中有一个环节是做陶泥！

陶泥这玩意儿，做起来说容易就容易、说难就难。今天我怀着好奇心来挑战一下！

来到青少年宫，我一下子便找到了陶泥室，我们在老师的管理下，很快安静下来，认真地听老师上课。但我太想一展身手了，时不时地往放在自己座位上的陶泥那里摸一摸。陶泥的颜色是棕色的，虽然软极了，但是它经过烧制后，十分坚硬。我想："老师啊老师！您能不能讲得简短一点儿，我真是一万个想做啊！"

终于，老师像是听到了我的碎碎念，让大伙儿开工啦！

由于我没有认真听，所以我每次都卡在了做成形的那一步，每次都败在了这一关。正当我抓耳挠腮想不出办法时，救世主出现了！这也是一位陶泥老师，他是我妈妈的同事，更是我的朋友。他见我踌躇不前，便走了过来将我的双手放在陶泥的两侧，将陶泥按住后，踩下开关。只见他的大手握着我的小手，大心带着我的小心，慢慢地陶艺成形了，“真神奇！”我欢呼道：“您是怎么做到的？”“静心！”他不紧不慢地答道。

老师离开后，我发现吴睿猛正苦着脸，我拍拍他的肩膀，微笑着说：“我教你！”

“首先，将双手放在陶泥两侧。”他按我说的去做，目不转睛地盯着陶泥，有力地用双手固定住陶泥，“然后轻轻踩开关！”他也许是太累了，也可能是太紧张了，一滴滴汗水从头上落到了地上，他轻轻地踩开关，但一不小心用力过头，转盘飞速转动，我们差点要重做！“往上提。”我发出指令，他缓缓地向上提。随着我的指令，他完成了一项又一项的任务，终于功夫不负有心人，在我的耐心指导和他的努力下，一个陶瓷杯新鲜出炉了。

做陶泥真有趣！这次我既当了徒弟，又当了师傅。我努力学习，最终当了师傅。不但学了几招，而且过了当师傅的瘾。本次活动对我而言十分有意义。在此我希望陶艺这项艺术能够永远流传下去！

卖报

星期日，明媚的阳光扫净了晨雾，几片云朵披着纱巾漫步。我要当一回报童，兴奋又忐忑，高兴的是我们自编的小报终于出炉了，这可是费了我们九牛二虎之力，目前担心的是能不能卖出去。

“儿子，去青少年宫吧，那里有活动，人多。”妈妈边说边发动汽车。“好！”我仿佛看到了小报飞向人群。

少年宫在眼前了，我的额头开始冒汗：“妈妈，我有一点点儿怕！”“怕什么？你分享的是自己的劳动成果，可威风了；得到的钱，能给予贫困孩子帮助，这是多好的事！再说，你是组长，不带头卖哪成！Go！”妈妈替我背好零钱包，把报纸递给我，认真地说：“去吧，祝你挖到一大桶金哦！”

就这样，我被迫进了大门。迎面遇上一位大哥哥，白白胖胖的，应该很好说话的，我多么想上前找他聊聊我们的小报，可我的脚却像打了石膏似的不听使唤，喉咙里更像塞了棉花，气都喘不上来，眼睁睁地看着好人哥哥渐行渐远……

唉，在家想好的方案，怎么都成了茶壶里的饺子了呢？我懊恼地跺着脚。时间一点点过去，少年宫里越来越热闹。不行，我是队长，不能再懦弱了，要不然我的小队完蛋了。冷静——深呼吸……“哎哟，小听，好久不见。你今天是来参赛的？”正当我觉得有了一丝勇气的时候，居然冒出个熟人，是妈妈的同事。我突然觉得不好意思极了，恨不得有个地洞钻下去。慌乱了一阵，我定下神来，我是来做正事的，又不是偷鸡摸狗，有什么丢人的？“阿姨，我是来卖报纸的。您看这是我们小队编的，上面都是我们自己写的——最好的作文。我们小队成员可都是写作高手，比那些作文书上的作文有意思多了。您看，您女儿刚上小学，保管有用处的。”我居然一口气说了这么多。“小听的能力，阿姨信！来，给阿姨来一份！”阿姨要买了，我的心都飞扬起来了，赶紧呈上一份报纸：“阿姨，报纸定价5元，成本是3元多，本来应该送您不收钱的，可卖得的所有收入，是要捐给贫困孩子买书用的，卖您3元好不好？”“小听真是懂事！不用便宜，就5元一份，给阿姨来两份，给你钱！”阿姨特意找了一张崭新的10元钱递给我。我麻利地又取了一份报纸，充满感激地递给她。我一下子有了十足的底气，穿梭在人海中，好像会发光的鱼一般搜索着“猎物”。可是接下来却不顺利，任凭我怎么使劲推销，人们都不买账：有人觉得太贵只肯出1元钱；有人不感兴趣；甚至有几个人拿着报纸从头看到尾，不停地说“不错，不错”，可就是不买。我不气馁，不买就找下一个，过了好久，脚都走痛了，价格一降再降，总算卖出了3份。做生意真不容易！烈日却丝毫不疼惜我，明知我喉咙已冒烟，还一个劲儿地炙烤大地。虽不气馁，心里却满满的忧伤。

这时妈妈过来了，不仅带来了清甜的棒冰，还拉来好几位顾客。虽然团购价比较便宜，却一下子卖出了十多份，而且一个叫赛赛的小哥哥，还成了我们的义务推销员。我立刻满血复活了。“你们俩能不能分头行动，这样效率会不会高点？价格能不亏最好，卖掉最重要！”妈妈的建议很有理，我们立刻分头行动。果然，报筒越来越轻了。

我们都累了，赛赛哥哥也上课去了。休息时我很无聊，将报纸拿出来摆了个造型，没想到引来了一批观众，又卖上了。钱包越来越鼓，饱胀得像马上要开放的荷花。不一会儿，找钱用的零钱用完了，一时找不到地方换，情急之下，我大喊：“抢购——抢购——亲情回馈，买二送一，哎——10元3份，可拼单，手慢无啦！”没想到，借用小摊贩的广告词还真有用，又卖了一些，剩下一半了，我们决定先吃午饭。

“听，早上挣的钱够吃一顿吗？请我吃饭怎么样？”妈妈开心地问。

“呃……”我犹豫了，不请，太小气；请了，捐的钱不就少了。思量再三，我决定动用我自己的存款请客。

午饭后我们去了步行街、景文百货、东方广场和府山公园。碰到我的队员们，开始，他们都缩手缩脚的，我一示范，大家都不再胆怯，见人就上。到后来，与其说是卖报，不如说是周末聚会，因为我们的报纸差不多卖完了。

晚上，双脚肿胀，难以入睡。卖报挣钱真不容易，累了一天，共收入263元，除去成本220元，只剩43元。午饭，在储藏间里开的小店里吃的，花了50元。幸好，我有足够的存款。

报童的生活真惨！我要好好学习，有大本事，才能有好生活。

玩转音序

拼音是件重要的法宝，无论是小升初还是中、高考通通都会考到。尽管每次都只有一两分，但通常一两分足已定胜负！

众所周知：一个拼音的第一个字母叫作音序，普通教师都用这干巴巴的如同一块没有任何配料的面包一般的一句话带过，可是经验丰富的江老师却不那么认为，更提倡“玩中学，学中玩”：

“看音序，猜古诗”，一听名字便能大致猜到内容。果不其然，江老师手捏半截粉笔，背身在黑板上，写下一句音序古诗，看着一个个大写的音序，同学们有些茫然：“猜一个字就已经够难的了，更何况一句古诗？”“一个音序可以搭配许多音节，可到底哪个才是正确答案呢？”我在心中喃喃道。我不禁环顾四周，看看同学们是如何做的。但结果令我大失所望，他们不是看着开头的S，嘴里默念着死尸杀，就是如同刚刚从鬼屋里出来蒙了，江老师微微一笑，似乎在说：

“原来你们在这方面这么差啊！”看着我们发蔫和无可奈何的神情，江老师大发慈悲，提醒第一个字。当“少”字一出，由一名同学领头，同学们恍然大悟，纷纷呈上了“少壮不努力，老大徒伤悲”的答案，紧接着，一名叫作祝易承的“黑马”脱颖而出，接连两次识破了江老师的诡计，让同学们瞠目结舌、拍案叫绝！

若把古诗中的每个字按音序排列，会发生怎样奇葩的事儿呢？没错，这就是——古诗乱序！还是先前那十分“严肃”的一句：少壮不努力，老大徒伤悲！可一旦将其变身会如何？只见同学们纷纷掏出笔记本开始排序，可我却像只树袋熊一般毫无动静——只心算便罢了，拿什么笔记本？我的脑中出现了一条“流水线”。第一步写拼音“少壮不”这一步的工人干活完毕后，便将这堆拼音传向另一步排序：b最大，e大于u，那么悲在前……经过一系列“流水线”上的加工后，这句话到了我嘴边：“悲不大老力，努伤少徒壮！”惊人的是，我居然是第一个喊出来的。大家都惊讶极了，江老师一刻不停地将这一堆乱码写在了黑板上。我得意极了：“看来我对拼音排序还是蛮熟练的！”

诗句我不是最强的，但拼音排序我还挺强的。可毕竟我不擅长最后一项——“看音序，猜句子”。

游戏接近了尾声，最逗趣的环节接踵而至——传说中，有一种东西叫密码，那便是只有自己人能知道的东西，这次江老师以音序为密码让我们来解读：只见她冷静地写下

“ZYCSSG”一遍读下来，全班同学不假思索地喊：“祝易承是傻瓜！”但江老师却不好意思地对祝易承说：“我本来是说，易承是帅哥呀！”教室里顿时炸开了锅，快把房顶笑塌了，这是江老师为了自己往自己脸上贴金，写下了“JLSSMN”。为了逗笑全班，我故意逆着大家，不说：“江老师是美女！”而想着有MN的笑话。在我绞尽脑汁之时，方文杰冒出一句：“江老师是母牛！”我也情不自禁地嘻嘻哈哈！

“玩中学，学中玩”原来让人如此愉快，也许是玩对了的项目吧！总之，玩了以后音序这项法宝总算摸清了底细，可真正要收入囊中，还得继续努力啊！

勇敢的力量

暑假生活好似一本有趣的漫画书，让人过得津津有味，可是好景总是不长的，一转眼就到了开学的时间。虽然暑假转瞬即逝，但那段美好的时光永远保存在我们美好的记忆中，那段时间便是——斯里兰卡留学活动！

搭乘友谊的小船，我随着留学团队来到了斯里兰卡这个美丽的国家，并游览了“红树林”“高跷海钓”等著名的风景名胜，其中给我印象最深的并不是“驱蚊。美容两用的肉桂精油”，而是经历种种困难最终欣赏到壮丽风景的狮子岩。

游学第四天，我们决定向狮子岩发起挑战。一下车，便踏进了如黄金般的沙池，树叶三三两两从枝头飘落下来，温馨又迷人！哪有所描述的那般可怕？别急，我只是在门口而已！

走进狮子岩，我深深被它的雄伟所震撼了，一块近似于长方形的岩石矗立在我的眼前，有一座小山那么大，虽然已经发生了严重的风化，但依旧看得出哪是头、哪是尾。一条羊肠小道从山下一直通向山顶，果不其然，一阵寒意掠过。

我们穿过旧时士兵们的寝室，来到山脚下，刚想说句话，身旁的外国老人压下声音说：“Silent！”大家的纪律性十分好！踏过一级级台阶来到一块平地边，一块牌子上醒目地竖在路旁，虽不懂英文，但一看图片就明白了前方有马蜂出没！我吓坏了，赶忙掏出防晒衣包住了手。忽然，一只猴子出现在我的眼前，只见它躲在石头后面，探头探脑害羞极了！

休息了一阵子后，兴奋的我赶在所有人之前欣赏了一种别致的画作——一位婀娜多姿的少女，被艺术家们刻在墙壁上，成了漂亮的壁画。我望了望余下的长长的路，踏上了征程。狭窄且陡峭的小道，似乎在警告人们：不许打闹。顽皮的小猴常常躲在树上，趁你不备时打劫你的食物。终于，大约半小时后，我们来到了狮脚旁的平台上，我仰起头，发现要上到狮子峰的路与攀爬黄山天都峰的小径是十分相似的，若一不注意便会受伤。导游洪亮的声音响起：“我们团队中，要跟我爬到顶的跟我走，不爬的在这儿等着等我们！”我陷入了沉思：顶上一定能看到比这更美丽壮观的景象，但可能十分危险！最终我选择相信“不经历风雨，怎么见彩虹”——和导游集合在路口，一步、两步、三步我不敢看下面。紧紧地跟着导游一步接一步地向山顶靠近，四周都是外国人，他们丝毫不恐惧，还小声地相互逗趣，我备受鼓舞，挺胸抬头，心里的恐惧渐渐烟消云散——这是我走过的最陡的路，也是我最勇敢的一次！

最后一步，我一下子跨上了山顶。导游赞扬我们：“上来的都是英雄，下面的都是狗熊！”趁着山风飒飒，我环顾四周：哇！千百平方公里的风光一览无余，真是壮观！大片树林让人浩气长舒，花花绿绿的房子让人眼花缭乱，高低起伏的山让人莫名地舒畅……

看着绚丽的景象，我问自己：为什么我能爬上山顶呢？应该是因为勇敢的力量推动着我突破自己，登上山顶吧！

感悟阅读

我爱阅读

我爱运动，更爱读书，特别是那些有趣又不用考试的书。你要问我阅读是什么，下面就让我来告诉你吧。

阅读是最好的“补血剂”。在江西训练的日子简直就是“累人节”。早上，恶毒的阳光从来不同情我们已经跑多少千米，还要跑多少千米，逼得我不停地“扣血”。幸好12:30到15:30我们有3小时的休息时间，看了一会儿《北京寻宝记》和《查理九世26》（这是在南昌买的最新版），我立刻满血复活，下午十几个来回的蛙跳训练也没那么可怕了。

阅读是最好的“时光机”。大大的候机厅里，旅客们三个一群、五个一伙，有的在说悄悄话，有的闭目养神，有的在逛免税店……“要等2小时左右，你们自己划算下。”妈妈一说完，就专心地看她的小说了。我们商量后决定先去免税店看看玩具，不一会儿就发现，很贵，我们的零花钱根本买不了什么。逛了好久也没什么收获，居然还有一个半小时。500个挥拍也做完了，好无聊。看书吧，我拿出《手斧男孩》

看起来。没想到才看一半，妈妈就叫我们准备登机了。真奇怪，时间好像被小偷偷去了似的。

阅读是最好的“静音器”。那天我正在看《拯救断翅的雄鹰》。妈妈走过来说：“儿子，我出去买东西，你等会儿给我开门！”“哦！”我随口答应着，心早已被书中的故事吸引。特别好笑的是两位中国小孩儿拯救了一位美国飞行员，美国飞行员说：“种锅（中国）和埋锅（美国）是浩喷油（好朋友）。”我忍不住看了好几遍，弄得我眼泪都快笑出来了。就在我最得意的时候，突然感觉大门要被什么击破了。“啊，妈妈！”我惊呼。没办法了，妈妈手指都快敲肿了。她火冒三丈地骂起来，可我却又沉到书里去了，一句也没听清。

你看，有书读，是不是很有意思的事?

专心阅读，轻松应试

“哎呀妈呀！今天真的是8月30日？”我半信半疑地看着爸爸，不敢相信那是真的，也不想那是真的。“是啊，所以让你最后翻查一遍作业！”他一边说，一边穿鞋子，“我要上班了，多看几遍书，别考试不及格了！”说完拎着公文包走了。

我悲伤地坐在餐厅里，慢慢地拿起一块小小的饼干送进了嘴里，我想到了三年级的期初考试。那一个学期，余老师把我排到了周致宜的边上，让我辅导她、帮助她。到了期末考试时，我自信满满地对父母说：“100！”可成绩一下来，我和周致宜的分数竟一样：77分。

那一次悲痛我无法忘记。我不能不行动了！我飞奔到课桌前，经过一个暑假，书里许多内容我都看不懂了，但我努力去奋斗。左手拿着冰棍，右手握着水笔，经过度娘与老妈的轮番指导后，上学期的语文、数学、英语、科学都差不多OK了。

最让我觉得棘手的事来了，那三本书简直就是恶魔诡异的笑容，我拿起薯片往嘴里塞。“你可以的！”我喃喃道。我又想起了那悲剧，不得不拿起书来咬文嚼字。我读着读着，发现《俗世奇人》中的奇人们反复想和我“加好友”呢，《城南旧事》中的林英子就坐在我的前面给我讲述她的童年，渐渐地，我把厚厚的《城南旧事》看薄了，把薄薄的《俗世奇人》看厚了。

尿急的我读着书来到了厕所门口，一不注意脑袋撞上了门，手中的书脱落。以往的我肯定是边骂“你个死门”边踢它两脚。可看了书以后，我不管三七二十一地捡起书来，刚想站起来结果又撞上了门把，没关系，我总算能用余光瞄到门把了。

到了第二天中午我总算把剩余的部分看完了。晚上，妈妈将从网上搜到的那一堆长长的题目拿给我做，我不敢耽误时间，将所有题都做完了。

晚上，我躲在被窝里，脑海中不停地播放着白天阅读的片段，放着放着我便睡着了……

第三天——开学了，我慌忙出发……

当老师将试卷发给我时，我下意识地瞄了一眼试卷，便瞄到了一道题，不会！

“不管那么多，先做别的！”做了许久，我的手指仿佛要断了！终于快做完了。“人们称他为苏七块，是因为他的能耐就值七块银元。（　　）”我读着题目，“好像对啊，是，就是这么说的。”但我又想，“不对，是错的联系，上文是错的，这题应该联系上下文这种说法。半对半错也算错，因为它少了一部分。”我果断地填了错。

发试卷了，我并不会因为没考好难过，我尽力了，这次考试我就拿了最高分，我开心地笑了，不是得意，而是对自己的付出有回报而开心！

我们不用为自己的成绩而担忧，只要你努力了！

13亿人民的骄傲

（读书节演讲稿）

敬爱的外国友人，亲爱的中国同伴们：

大家好！我是王家毅，今天我演讲的主题是“13亿人民的骄傲”！

中国的强大并不能归功于任何一个人，而是集体的努力，但若没有优秀人员的推动，“中国梦”这艘飞船是升入不了太空的！其中，有一位著名的导弹学家——钱学森。1949年新中国成立让留学海外的钱学森深感自豪，他打算回家报效祖国。因钱学森研究的项目与国防有关，美国千方百计要留下他。但回归母亲怀抱的游子心使得他排除千难万险，回归了祖国，并为我国的导弹技术做出了极大的贡献！若说钱学森是给了国家技术，那么矢志抗日的吉鸿昌则拯救了国家的尊严！1931年，吉鸿昌被逼迫下野，到国外“考察实业”。但当时的美国人瞧不起中国人，对吉鸿昌十分不敬，就连吉鸿昌想寄衣服回国，邮局人员居然表示没有中国这个国家！正当使馆要他承认自己是日本人时，他气愤地找来一块木板写上："I am Chinese."并怒言道："中国人很可耻吗？！"这一举动，挽回了作为中国人的尊严！钱学森、吉鸿昌是13亿人民的骄傲。

现在的中国是多么强大，但是回首往日，我的眼中不禁泛起气愤又悲哀的泪水！清朝末期，清政府腐败得让中国人民在外国人面前无地自容。中国就好像被擒住的老鼠，只要外国人愿意，下一秒中国便会化为乌有！但是，一个七月，"中共一大"在南湖的一条航船上召开了，这预示着沉睡的东方雄狮苏醒了！现在的中国步入小康社会，邓小平的"改革开放"实现了一代人的梦想……中国的前途一片光明！毛主席、周总理、邓小平是13亿人民的骄傲！

作为时代的接力棒，我们——21世纪的主力军需要努力学习，用知识做利剑，不再让黑暗的历史重演！做自己的主人，支配自己的生活，是我们的责任！想想美国前总统——约翰·肯尼迪的那句话："Ask not what your country can do for you，ask what you can do for your country."前辈为我们争了先手，我们也要坚持到最后，领跑着将接力棒交给下一时代的人们。我们，也要让自己成为13亿人民的骄傲！

谢谢大家，我的演讲到此结束！

趣谈错别字

——读书随笔之错别字系列

错别之神器，让人觉得不可思议，实际危害大到如同“原子弹”一般，但看上去却小到如同“微细胞”一般。着实值得人们对它一探究竟！

我们先穿越时光隧道，来到1967年至1977年间，有一名女青年为了不让家人担心，写了一封家书：

妈妈，我在乡下，您别担心。我每天都和老大狼睡在炕上，还挺好的。哦对了！最近我的命丢了，请您帮我带把命来。虽然乡村生活很不错，但我还是想要上吊！

她母亲接到信后，吓了个半死不活，又是和“老大狼睡炕上”，又是把“命”丢了要上吊。连忙赶到乡下，见女儿好好的，才知道原来是错别字。这时，错别字已如原子弹一般发生巨大的爆炸了！这是多么恐怖！

更恐怖的，不仅仅古人会犯错，现代人犯的错更恶心！

这天，江老师给我们讲了一个故事：一次，她到商场买鱼，那鱼可真多：黄鱼，太阳鱼，大便（扁）鱼……什么？大便鱼！这下，听故事的同学们笑翻了：有的捂着肚子，笑得前仰后合；有的仰天大笑；有的则早已把头俯在了课桌上，抬起头时，眼泪早已蹦出来了！同学们这是要笑掉大牙、笑塌房顶的节奏啊！就连一向沉着的江老师自己也笑了起来；她拿起粉笔，想在黑板上写下来。但当她写到“便”字时，又忍不住扶着黑板笑起来了。

这错字是多么的滑稽啊！可你有没有想过，在滑稽的背后，又是多么惊悚啊！没有人会很乐意买他的鱼，因为那是多么的恶心！

再来说说我自己的故事：那一天晚上，我吃过了晚饭便在小区附近散步。我驻足于一个网吧门前，我可不是想打游戏！我紧盯着荧光屏，等那个字的出现。忽然，它来了：“冲”100，送200！当时我就喃喃道：“我说老板，您这什么意思？您让玩家到电脑里先冲浪后收费哪！”我的朋友们推了我一把：“脑洞真大！”我们都不禁大笑起来。

错别字给人造成笑话的同时，也产生了不少危害。所有人都会不小心写错别字，但都要及时改正并避免让这类错误重演！

冰岛畅想曲

——观江老师旅行美篇有感

有一个神奇的国家——冰岛。这座海上的小岛向世人展示了自己的神奇，疯狂，奇葩……不得不承认，这是十分耐人寻味的。

彩虹，对于中国人来说，碰到了一定有好运气，但如此逻辑，冰岛人一定运气好到爆了——“一小时见了三次彩虹。”江老师以强压着惊奇的语气说道。“彩虹是美好的，它能给予人们美好的心情。”这是我对彩虹的理解：当你走在茫茫戈壁，脚下踩着如垃圾般黑乎乎的沙子，就为参观需2小时路程的一架老飞机，心情一定糟透了。一抬头，发现冰岛的天似乎十分矛盾：这一边的天是淡蓝的，看起来十分柔韧，十分可爱、美丽；而转眼间，另一边却又仿佛横跨了上亿年，世界末日即将降临，让人心莫名压抑，仿佛捏一把空中的乌云，就会像拧湿衣物一般倾泻出大量的水。但彩虹的英语是rainbow，所谓rain就是雨的意思。它似乎刻意地表示了“有雨就有彩虹”，当你艰难地漫步到飞机前，“特邀嘉宾”准时亮相——那缤纷的彩虹从飞机头前出发，划过一条优美的弧线，在机尾结束，成了它的背景。这一完美的巧合，文艺人士多半也会在第一时间感慨：“啊，好美！”端详着天空中虚幻的彩虹，再踩踩脚底上的“污沙”，心中不能说惬意，但也感到开朗了吧！

不少国家在风景这一方面有优势。如果只描绘风景，并不使它超越平凡，俗话说，山美，水美，人更美。国家之间主要还是拼国民啊！

话说，那支没有一个职业运动员的“冰岛男足”，竟是一批脱缰的黑马，杀进了世界杯。这让中、美两个大国情何以堪，只得打出“美中不足”等旗号缓解尴尬。冰岛人热爱运动，从一小段视频中便可以看出，冰岛首都雷克雅未克的歌剧院的墙角下，一群身着运动衣的冰岛人借着四周挡风的建筑物与透过空隙射进来的阳光来回跑动锻炼，“主角”是一个身体魁梧的、在中国能做健身教练的男人，但江老师口中，这仅仅是普通人的身材！冰岛的环境恶劣，但冰岛人却愿意见缝插针地找地儿运动，着实令人感慨啊！

既然提到了冰岛恶劣的环境，那么公布下那罪魁祸首——风！

冰岛的人很“疯狂”，反一反便是形容风的了——“狂风”，据当事人“江女士”所说，当时她正观赏着如明镜一般的湖泊，忽然，湖泊起了细纹，越来越皱，变作了饱经风霜的老人。风似乎还不甘心，急不可耐地催湖变得更老，褶子越来越深。它又猛烈地向人群发起了攻击，呼啸着，使劲敲打着人们的身躯，想带他们“上天成仙”。她紧紧抱住180厘米的200多斤的瑞克斯才得以不飞走啊！

冰岛，这个只有你想不到、没有它做不出来的神奇之地，甚至“头脑发热”创立有关人体器官的博物馆，这个奇丽的国家就是一个有趣的故事，等待人们去探索书写！

把握自己，不受欲望的侵害

——读《欧也妮·葛朗台》有感

小时候，我常常喜欢爬到爸爸的书桌上，因为那样能看清书架上层的书目，那有许多法国作家——巴尔扎克写的书。我很想阅读那些书，却发现自己没有那个能力读懂。而今天的我却已具备了那能力，又得到了一本新书《欧也妮·葛朗台》，是时候完成我的夙望了！

这本叫《欧也妮·葛朗台》的书是法国大文豪巴尔扎克所写的。巴尔扎克是大文豪，按理他应该富得流油，可事实上他没有让自己多花一分，都用作"济贫"了。这本书批判的"社会拜金主义思想"是我最难忘的！

该书揭示的是资产阶级家庭中的金钱关系，展开了19世纪前半期法国外省的风俗画面。书中葛朗台是一个有钱、有威望的商人，他精明狡猾，搞投机买卖，十分会赚钱。在法国大革命时，他已经"富得流油"了！但人无完人，尽管他如此富有，却是一个不折不扣的"吝啬鬼"！在他的眼里：金钱大于一切！以至于在他死时也要叫尼泊尔将所有金钱铺在桌子上，他才能感到温暖!

这本书如同已经经历了万千沧桑的老者一般，给我讲述了一个残酷的故事：控制力已成熟的大人都难免沉迷于自己的贪婪之中，我们青少年岂不是愈发危险?

书中的葛朗台原本是一个完美的人，可是受到了自己“贪婪心”的侵害，开始不断地赚钱。以金钱至上，导致冷落了家人，造就了双重悲剧！使得他的人性遭到毁灭，家庭破碎!

我们换个角度来思考：若葛朗台把持住自己，不被贪婪的心所左右，那他还会沦落到双重悲剧这一下场吗？绝对不会。他会过上不缺钱、不缺爱的生活。

就像巴尔扎克。有一天，他因疲劳而躺在床上睡着了。醒来时，发现一名小偷正在焦急地翻他的抽屉。他坐起来从容不迫地说：“别找了，我早上就找过了，没有一毛钱！”小偷吃了一惊，灰溜溜地走了。原来巴尔扎克把所有的钱都捐了！虽然一分钱都没有，但他的内心是满足的。

手机出现的初衷是便于人们沟通，而最近，我和爸爸妈妈在同一栋楼都要用微信交流了！我们变得贪婪了——贪婪得想要让手机帮我们做一些事情，贪婪得想要多休息！结束却得不偿失，回想以前的生活：我们一家三口常常到附近的公园呼吸新鲜空气，而现在却总以“天黑了”“蚊子多”等借口推却，这样好吗?

读了这本书，我得到了一个重大的启示：若能把握住自己，控制好贪婪的心，不受贪婪的侵害，身边的一切都会变得美好！

勇往直前

荒凉的土地上，风呼啸着。在一个丁字土沟前，屎壳郎推着它那土黄色的球，一个转弯，与我的目光撞了个满怀……

屎壳郎似乎是一种害羞的动物，它躲在远大于它的粪球后面，倒立着用有力的大腿推动着粪球，跌跌撞撞地向我这儿小跑过来，难道是担心小宝宝饿了？

只见它向左猛地一拐，我终于看清了它的真面目：这是一只普通的黑色屎壳郎，两只锋利的大钳十分威武。它前爪支地，后足使劲推粪球使得前足得以带着身体向后移动，来到一个土坡前。

它并没有因为土坡陡峭而放弃，它仍艰难地使出浑身的力量向上推着。可惜身体支撑不起这样的重量——它摔下去了！和粪球一起，狠狠地砸在了地上，看着都让人心惊肉跳！但它爬了起来，想着家里的小宝宝可能已经饿了，尽管伤痕累累，它又继续前进了！

它站到了粪球上，眺望四周，发现了一个小坡。它马不停蹄地推着球直奔向那个土坡，来到坡前，它并没有犹豫，而是用尽吃奶的力气，翻过了如小山一般的山丘。它好似一个英雄，也许是出于对宝宝们的爱吧！

回家的路上，屎壳郎“呼哧呼哧”地推着全家人的食物。突然，一根树枝拦住了路，然而屎壳郎并不知情。忽然，屎壳郎的脚猛地一震了一下，粪球停下来了。它似乎在想：“咦，推得好好的怎么停下来了？”它加大了蹬腿的力度，似乎想借此推动粪球。然而想要将球拔出来须顺着树枝，此方法显然行不通！

它转过身，用力试图从下方拱出来。两脚快速地向后蹬，后面渐渐产生了土坑，它一直往下钻着。它发现了，便又爬了出来，它绕着球转了一圈，终于发现了！它倒立着奋力地一下又一下地蹬着，一番努力后，球终于脱离了树枝，它继续踏上了征程！

在这条乡间小路上，它显得多么渺小与微不足道，但它努力着、前进着。不懈地努力使得它最终回到了那温暖的家，看着孩子们对着食物大快朵颐，它的心暖暖的……

没人知道它从哪儿来，但从它一路上遇到的麻烦来看，那段出现在我眼前的路也不好走。面临重重的困难，勇敢地前进才是正确的抉择！

读《三国》

《完璧归赵》剧本

时　间： 战国时期

地点1： 赵国皇宫

地点2： 秦国皇宫

地点3： 蔺相如宾馆

地点4： 典礼现场

人物1： 蔺相如（赵国使者）

人物2： 赵王（赵国大王）

人物3： 秦王（秦国大王）

人物4： 3个大臣（甲、乙、丙）

人物5： 随从若干（蔺相如的随从）

人物6： 门卫（秦国的门卫）

（画外音）战国时期，秦国最强，常常进攻别的国家。有一回，赵王得了一件无价之宝——和氏璧。秦王知道了，便写信给赵王：以十五城换璧。赵王知道秦王只想骗璧而已，但如果不答应，自己可能被攻打！他焦急地召集大臣进宫商讨对策。

赵王：爱卿们，国将有大难！秦王欲取我和氏璧，若不与，国之难保呀！（边说边揉太阳穴，做十分苦恼状）

大臣甲：（出列，作揖）大王，如假装说要晚几天献璧，趁机派廉颇带兵偷袭秦国？

大臣乙：（皱着的眉头一松）大王，可送璧去换城……

大臣丙：（不等乙说完，做气愤状，上前阻止大臣乙）难道你敢去和目中无人的秦王谈判？（白了乙一眼）

大臣乙：（不理会丙，续续上奏）大王，有个叫蔺相如的谋士，甚是机智果敢，若派此人前去，事必成！

赵王：（即刻笑逐颜开，急切地吩咐）来人，请蔺相如！

不一会儿，蔺相如被官兵带进了宫。

蔺相如：（大步走来，站定，行大礼）大王！

赵王：（定睛打量）和氏璧乃国之至宝，今秦贪之，欲使你至秦国，以璧易秦十五城，可也？

蔺相如：（做思索状，既而神情坚定，声音洪亮）我愿前去，若秦守信交十五座城，我便把璧递交秦君；若有欺诈，我定将璧带回，那时秦国理屈，必不敢造次！（笑了笑，坚

定地看着赵王）

赵王：（看了看手足无措的大臣，又看了看自信满满的蔺相如，大手一挥）好！就派你去！

秦国皇宫金碧辉煌，龙椅高高在上地矗立在正中的台子上。身穿玄黑龙袍的秦王，正威武地训斥着奴才们，一卫兵跑进来。

卫兵：（跪下）报！赵国使臣带和氏璧求见！

秦王：（停止训斥，转怒为喜，继而故作威严）带！

秦王：（目光随来人移动，做急切状）和氏璧呢？快，快！让我瞧瞧！

蔺相如：（作揖，慢条斯理，取出一盒，层层打开，奉上）赵国之宝，和氏璧！

秦王：（上前一把抢过，上下左右各个角度欣赏）呵呵，和氏璧？和氏璧！佳璧是也？神龙在卧，玲珑有致！三生有幸，三生有幸！上苍佑我，哈哈哈！

蔺相如：（上前一大步）大王，璧，您已验看过了，十五座城池也该兑现了吧？

秦王：（不耐烦）等会儿，让我再好好看看……（顾自欣赏）

蔺相如见此情形心领神会，便打算夺回国宝。

蔺相如：（再上前，故做为难状）大王，这璧有点小瑕疵……

秦王：（大吃一惊）什么，有瑕疵？在哪儿，在哪儿？

蔺相如：大王把璧给我，我指给您看。

秦王：（大惊失色）啊？！（急忙将璧交给蔺相如）

蔺相如：（接过璧，立即后退几步靠近柱子站定，做理直气壮、视死如归状）我看您并不想交付十五座城池。现在璧在我手中，您若要强占，我就和璧在这柱子上同归于尽！（佯装激动，举璧要往柱子上撞）

秦王：（前跨一步，急急地阻止）别，一切好商量，一切好商量。赶紧！上十五座城池的地图！（一一指给蔺相如看）

蔺相如：（站住，直面秦王）不过和氏璧价值连城，必须要举行一个隆重的交换仪式才相配！

秦王：（为难）这……

蔺相如：（又做撞柱状）

秦王：（跳着脚）好好好！就定在后天吧！

（众人下）

（画外音）蔺相如知道秦王丝毫没有诚意，刚回驿馆便差人偷偷把和氏璧送回赵国。

蔺相如：（抱璧踩步，随从上场）你化个装，将此璧带回国，务必完整送回！

随从：喏，必不辱使命！（抱璧下）

（交换典礼现场）

蔺相如：（两手空空进场，见秦王大方施礼）秦王！

秦王：（大吃一惊！指蔺相如）你，你？我的和氏璧呢？

蔺相如：（镇定自若）回秦王，此璧现已回赵国。只要您将十五座城池交与我国，三日之内，必派人送璧前来！

秦王：（怒，推桌，甩袖，拔剑而指）区区一只赵国蝼蚁，胆敢戏弄本王？放肆！拖出去，斩！

蔺相如：（仰天大笑）您杀了我也没用，天下人都知道，秦国从来不讲信用，您杀了我，我成了英雄，而秦国将会被世人所唾弃！

秦王：（气得浑身颤抖，却哑口无言，不得不缓和面色）来人，送赵国来使回国！

（画外音）蔺相如回国，将事情经过告之赵王，赵王连声称赞，蔺相如为国立大功，封大夫！这个故事被人们称为“完璧归赵”。

人物品评：智多星——诸葛亮

我要讲的这位“大神”，知天时、懂地利、识人心。可谓无所不能。他是妇孺皆知的“智多星”——诸葛亮。（你可别不服气，要是被他知道了，肯定活活把你气死！）

诸葛亮，姓诸葛，名亮，字孔明，号卧龙先生。诸葛这一特别的姓氏，令许多人误会，闹出了一连串的笑话。这位出生在三国时期的杰出军师不仅姓名特别而且相貌十分出众，是个“大帅哥”：他身长八尺，面如冠玉，头戴纶巾，身披鹤氅，飘飘然有神仙之概，这“神长相”与他的“神性格”真是“天造地设”呀！

他的“神性格”，让我最佩服，以大家最熟悉的“锦囊妙计”为例子来说说。

话说刘玄德三顾茅庐得到了诸葛亮，意气风发之时，却在一次战斗中失去了最心爱的甘夫人，昼夜烦恼。周瑜想夺回刘备迟迟不归还的荆州，便想以“孙权要把妹妹嫁与刘备”的名义，骗刘备到东吴并加害于他。你以为刘备就会以这样的形式离开？当然不会，卧龙先生即刻闪亮登场！

当然诸葛亮早就料到周瑜的诡计：如果拒绝联姻，吴、蜀两国便会陷入敌对状态！换作谁都只得无奈地摇摇头、耸耸肩、叹口气，然后陷入沉思。可是，诸葛亮却早就算计好了！他唤来赵云，给了他三个锦囊，每个锦囊内都有一条妙计，并吩咐赵云贴身藏起来。又安抚愁眉不展的刘备：“我略施小计，使周瑜计不成，吴侯之妹，又属主公：荆州也可保，我已吩咐子龙与主公同行！”刘备这才放心地上路了。船已来到东吴，周瑜自以为不久后便能收回荆州了，可结果却令他始料不及！赵云一下船便按诸葛亮嘱咐的，打开了第一个锦囊，看了看，心领神会，吩咐五百军士俱披红挂彩，入南徐买办婚庆礼物，又领玄德入见乔国老。乔国老得知后传与吴国太，吴国太知道全城人都晓得刘玄德要娶自己疼爱的女儿孙尚香，自己却被蒙在鼓里，气得忙将孙权与周瑜叫来，骂了个狗血淋头。

尽管如此，周瑜、孙权仍不罢休，他们打算用声色困扰刘玄德，果然玄德上了当，整日沉溺其中，忘却自己的荆州。赵云觉察到了不对劲，便打开了第二个锦囊，密见刘备说：“今早孔明差人来报，说曹操欲报赤壁之仇，带兵五十万，杀奔荆州而来，请主公速回。”刘备大惊，携孙尚香一同返回荆州。

众官得知，报与孙权、周瑜，两人急令追玄德众人，两员大将奉命率军飞奔而去，在渡口附近拦住了众人，子龙在此危急关头，取出锦囊竟是让玄德唤孙夫人解围，神了！孙夫人发威——一个顶俩！骂得二将无言以对，只得放走众人。玄德顺利来到岸边时，神机妙算的孔明早已带领军队候着了！只见孔明一边扇着羽毛扇子，一边笑道：“主公请登船，我们早已等候多时了！”刘玄德等人高兴极了，立刻登船逃离。

随后赶来的周公瑾居然又被孔明事先安排好的伏兵关云长、黄忠、魏延三员猛将偷袭，绊住了脚，只好望洋兴叹了！这时，孔明又吩咐军士们对着岸上的公瑾齐声呐喊：“周郎妙计安天下，赔了夫人又折兵！”周公瑾一听，登时气得头晕目眩，一口血涌上来，便从马上摔下来了！

神了，真是没有对比就没有伤害呀。周瑜的计谋在我眼里已是牢不可破的，没想到孔明略施小计，就气得他吐血落马。要是我想和孔明一较高下，也许还得再修炼五百年吧！

这就是我崇拜的“大神”，从他出场到他离去，我从未见他慌张过、失误过，他总是那么冷静、那么睿智，真是酷，我一定要向我心中的偶像——卧龙先生，好好学习！

名著改编：梦回“落凤坡”

一个清香袅袅的早晨，我正在阅读中国四大名著之一——《三国演义》，深陷在诸葛亮痛哭庞统这一回中，无法自拔。忽然眼前一黑，啊，怎么回事？失明了吗？哪知等我再看见时，眼前是一个梦一样的世界。

大街上所有的人都穿着长衫水袖、裤子宽大蓬松，来往穿梭，十分热闹。奇怪的是黑漆漆的柏油路变成青石板配石子路；各式机动、非机动车都消失了，被各种模样的马车取代；iPhone、拉杆箱也不见了，出行的人们都背着各式各样的包袱……更令人疑惑的是，此时此刻已是黄昏时分。我丈二和尚摸不着头，赶紧揪住身旁的陌生人问问，本想着这样说：请问这是哪儿？可问出来的却是：“先生，此谓何处？”而且那声音竟然粗犷得如同大人一般。不容我细细思量，却看见那人满脸疑惑，上下打量了我一番，说：“你失忆了不成？这是雒城呀！不是来看张任明天斩杀庞统的？”“在那个叫……叫……”我急切地问道，“落凤坡？”他答道：“对。”“哈，难道我穿越了？”我四下张望，暗自思忖。“哦，这儿有间酒楼十分有名，我请你喝酒。”他热情地邀请道。我一时理不清状况，填饱肚子再说，我欣然应允。

到了酒家，我在镜子前终于看清了自己：身长约九尺，肢体健壮，唇若涂脂，眼睛炯炯有神，身上穿得十分文雅，恍若文武双全的奇才。“这是我长大后的样子吧！”我喃喃道。正在这时，我突然想起了早上看的“诸葛亮痛哭凤雏”，又想起刚刚那人说的话，心中一闪念：我要拯救凤雏。

酒足饭饱，竟找不到那位仁兄，只好顾自买了一匹马连夜赶往蜀国。虽然是第一次熬夜不习惯，感觉累坏了！可是一想到能改变凤雏的命运、蜀国的命运时，心中不禁又激动又紧张。

终于，我在日出前赶到了蜀营，没等把关的军士确认，我便飞马冲进了军营，来到庞统帐前求见。好半天才见庞统懒洋洋地打着哈欠出来，不耐烦地问：“你是何方神圣？连军营都敢闯！”我迫不及待地说：“庞军师，我是从未来赶来助您的人。您一定要听我的话，别过落凤坡啊！不然，您会遇害！”庞统大怒：“大胆，敢咒骂我？来人，斩了！”他袖子一挥，转身要走。我忙喝道：“大胆！天国来使也敢碰？此有天书一本，军师既有胆有识，不妨阅完此章再行发落于我！”庞统停住脚步，阅了我指的那章后，大惊失色：“果真如此？先生究竟是何人？”我朗声道：“吾乃中华人民共和国浙江省衢州市柯城区人也！”他惊曰：“果非常人，只闻世间有蜀、魏、吴，从未闻中华人……人……国。莫非真乃天国？！”我笑曰：“汝慧矣！”他托着腮帮仿佛在思考着什么。一会儿，他一脸无奈地问：“先生可有制敌良策？”“这可难不倒我！”我诚恳地说，“汝不可过落凤坡，必中埋伏，可遣大部兵士推稻草佯行，汝带精锐绕至敌后，两相夹击，即可大获全胜。”凤雏听了，眼珠一转，觉得十分有理，便依此即刻派人做草人。给草人们披上自己以及军士的战袍，装上军车，又挑选精锐数百人。凤雏带精锐悄悄出发，我骑上大白马，将剩余部队分成两部：一部带领敢死队护送草人做先遣队；其他人编成二部，尾随其后，大张旗鼓地向落凤坡出发。我紧张极了，这是我第一次参战。

不一会儿，我们到达落凤坡，同时也收到了凤雏已抵达敌军背后的消息，我与敢死队护草人进入埋伏圈，我战战兢兢，可望向敢死队员时，他们一个个视死如归，我也顿时有了勇气，挺胸抬头！一眨眼，两边的山头上果然出现了一排人，他们持弓引箭，为首的便是张任，他大叫：“骑白马的是刘备，射他！”我朗声回应：“你错了，我是庞统，哈哈哈！”与此同时，他们身后以庞统为首的蜀军突然冲出，杀声震天，打张任个措手不及。我和队友们正要趁机逃出混乱的作战区域。一支不和谐的箭射中了我的背。“啊……”我应声倒地，只听见庞统那“不……不……”的吼声……

惊醒了，却发现自己坐在家中的书桌前，完好无损。“哦，做了一个梦而已！”我喃喃自语道。与此同时，我再看手中捧着的书时，惊奇地发现，那一章节竟悄然变更了主题：凤雏落凤坡巧胜，却失心爱无多。我看看故事内容正是我刚做的事！我的心中一阵欢腾——我改变了历史！

情系家乡

文明你我他，礼让靠大家

文明是什么？文明是一个人的精神面貌；文明是一个地区的面貌，文明是一个民族的精神！最近西区大草原上，一个用几万盆鲜花组成的“礼”字，成为衢城又一张名片。不只如此，“衢州有礼”遍布衢城的大街小巷，耳提面命每位衢州市民时时督促自己成为衢城的文明人！

人行道前，呼啸而过的汽车现在总会刹住车等候，让人们先通过；过去的人们即使悠闲散步时看见地上有垃圾，也总是视而不见，扬长而去，现在就算再匆忙也会停下脚步弯腰捡起来扔进垃圾桶；过去同学们常会用脏话斗嘴！现在同学之间和睦相处，互帮互助，以礼为尊……

身边都是文明人，我怎么能落下呢？就在上周六，我的好哥们儿约我到附近的公园玩，因为离家近，我便独自一人骑着自行车上路了。沿途红花绿树，莺歌燕舞，空气清新。这都是“文明市民”们齐心协力打造的呀！我心情无比愉快，不觉哼起了小曲儿。突然，手机铃声打断了我：

“喂，妈妈，有事吗？”

“儿子，一个人骑车要小心，一停二看三通行。注意：安全第一！”

“知道了！”我不耐烦地挂掉电话心里想，“我又不是第一次骑车，况且年龄也不小了，能出什么事情？”

不久，我来到了离公园10米的红绿灯前。“过了这个灯就到公园了！”我喃喃自语，仿佛听到了伙伴们的嬉闹声，“十、九、八……”就在我给红灯倒计时时，一位到了耄耋之年的老太太缓缓来到红绿灯下的人行道前，准备横穿到对面。她太老了，每步都只能挪一点点，通过我面前需要十几秒，我知道这儿直行绿灯短，没等她过去，红灯就出来了，那就得多等两分钟，“哦！我的水弹枪大战。”我若是抢先一步，两秒钟就能通过，但我这一冲，一定会惊到老人家，万一……抢不抢？我犹豫着。一辆汽车奔驰而来，就在这时，一下子刹住了，我瞥见了满脸着急的司机。我赶紧立住车跑过去扶着老奶奶，让她更快一些、更稳一些穿过人行道。等我回程，发现已是红灯。等候的人多了起来，每个人都朝我微笑，那名司机更是竖起了大拇指，我突然觉得路边竖立的礼字是那么光彩夺目！

从那以后，我便做起了文明的力行者：提醒父母开车到路口，看见有行人要让道；与他人发生了矛盾要先道歉……自此，我的朋友越来越多，心情也越来越好，讲文明，好处多。我要继续保持，争做最美衢州人！

请珍惜那宝贵的水资源

咱们衢州的水，那可是真是好！自“乌引工程”以来，自来水都是甜美的乌溪江的水，纯天然，澄净无比！不夸张地说，我们用来冲马桶的都是有点甜的“农夫山泉”！我们坐拥“钱江源”，壮观的衢江环城而过……

然而，以前大多数衢州市民都不知道，自己家乡的水原来是这么干净、甜美，更不懂得珍惜，滥用、肆意破坏随处可见。只有少部分人提前看到了触目惊心的对比，才感受到了拥有得天独厚的水资源是衢州之福，才注意到了水资源的珍贵，才意识到保护水资源是多么重要。

我的老家在溪口，这里三面环山，灵山江的几条支流在这里汇合，从镇中央贯穿而过，将小镇分为东西两半，正因此才起名“溪口”。“两岸青山相对出，碧水东流至此回。”该是多么美！可是，谁曾想五六年之前，这里的一切，只能用“黄”来形容。水是黄黄的冒着泡，河床的石头无一例外都穿着厚厚的黄外套，连溪岸两侧，水之所及处，无一例外地抹上了黄粉，河里别说什么鱼虾，连水草也一根不长。每当路过这里，爸爸总是充满了无奈。

我好奇地问：“爸爸，这是黄河吗？”

“20多年前，这里的水清鱼肥，家里来了客人，主人家就找个菜扣子往溪里一捞，好菜一盘了。可现在……黄铁矿对这里的经济发展功不可没，可这条河也毁喽！唉……”爸爸看我有点听不明白，就指着汇合处说，“你看，左边那条黄，右边那条绿是不是？那条黄的就是黄铁矿那边下来的，都是硫黄水，有毒的，可不能下去玩！绿的这条是从庙下来的，水质还算好，不过，最好也不要去玩了，现在不比当年了！”

“上了小学，我和小伙伴们都一年没见了，已约好下午去庙下小溪打水仗呢！才不要毁约！”我在心里嘀咕着，便不再继续话题。

下午，我们像风一样聚到一起，随着我飞入水中溅起巨大的浪花把小伙伴们淋成了“落汤鸡”了。我的小脑袋露出水面，喷了喷口中的水，抹了抹眼睛上的水，甩了甩身上的水，睁开眼，望着岸边一个个蒙了的“落汤鸡”，不由得大笑起来！他们回过神来，陆续跳下水，组成一队，把水当武器，不停朝我泼来，我也还击。水上荡漾着笑声！正玩着，一个啤酒瓶砸中了我的头，“哎哟！”我大叫一声，捂着头，四下张望，却找不到肇事者。不看不知道，一看吓一跳，岸边不知什么时候多了一个垃圾场，不，应该说是一座垃圾山。我们正在嬉水的潭周围漂着各种垃圾。

“听说，很多大便直接排到这条河里。”

“听说，这里有鬼，前几年淹死好几个人。”

“是的，这两年，年年发大水，还把大桥都冲坏了。”

……

一阵阵恶心，我们像躲瘟疫一样，全逃离了那片水域……

“毁掉这条溪的何止一个黄铁矿？是生活在这里的人们！”晚上我依然愤愤不平。

“儿子，有希望了！看，现在政府正在实施‘五水共治’，相信几年后，我小时候的溪也能成为你小时候的溪了！”爸爸指着电视对我说。

果然，今年暑假，我和小朋友们再次相聚，我们都变成少年了，以前的小水潭不够我们游的，却有了新建设的这个大水潭，而且如此干净，我们可以畅游无阻。“五水共治”后这里发生了翻天覆地的变化：老桥北潭深水碧，新绿南坝共天蓝。溪水好似巨大的碧玉铺设一般，倒映着白墙黑瓦，配上蓝天白云，说它是天上人间，一点儿不为过；新老两桥之间，溪床平整，溪面宽阔，水流平缓，清澈见底。这里是孩子的乐园。夏天，我和小伙伴们一有空闲就跑到了溪边，不是穿着泳衣，就是挽高了裤腿；不是比游泳，就是比捉鱼虾，大家玩得不亦乐乎，就算父母喊“回家吃饭了”也没有听见！只是沉浸在其中。他们告诉我，哪怕是冬天，也可以三五成群，来“打个水漂儿”，或是追着小鱼跑上几趟……晚间，华灯初上，五彩斑斓，华丽的街市亦不过如此。这是镇上最亮丽的一道风景线。日落日出之时，这里是大人们锻炼的好地方，这边广场舞，那边三三两两“压马路”……

新生的小溪带给我们无限乐趣！

“五水共治”真了不起！爱水，护水，人人有责，我们一定可以获得大自然的信任，给人类提供更好的生活环境。

给姨娘的一封信

亲爱的姨娘：

您最近过得好吗？想念衢州吗？我想，当初您离开衢州时一定十分不舍吧！

前几年，您还能趁着假期回来一下，可现在表弟上小学了，需要您花精力去辅导他。您已经很长时间没有回来了。听说上海最近又被评为了“全国文明城市”，您一定成为一名地道的“文明人”了吧！最近衢州也在为评上“全国文明城市”而努力奋斗，我也正在努力为家乡贡献出自己的一份力量。现在衢州已经变了许多，您不能回来亲眼看见，就让我以此书信相告！

衢州的转变不仅仅是志愿者与清洁人员带来的，全体市民都投入了火热的创文活动之中。学校中，老师教育同学们要有“礼”。回到家，同学们教会了父母。生活中，全家团结协作、认真执行……

若把“衢州有礼”比作一棵有着“发光叶片”的大树，

那么最近，网上流传着这样一片十分耀眼的树叶：一道斑马线前，一辆小轿车“嘎”地停住了脚步——只因为一个鹿鸣小学的小学生正要过马路去向另一边。司机是那么有耐心地等待，没有按响喇叭来催促；小学生也快步地走，担心耽误了司机宝贵的时间，两人互相礼让，默默做着“文明人”。终于，小学生过到了另一边。本以为事情结束了，没想到正当司机准备起动时，小学生突然转过身来，举起手对着司机认认真真地行了个队礼！队礼一般出现在“升旗仪式”等重大少先队的活动中，此时却出现在“斑马线”这件关于“礼之文明”的小事中，这个小小的举动博得了司机的赞赏，用地道的衢州话说：“这个小鬼还蛮有礼貌的嘛！”行车记录仪将这感人的一幕记录了下来。事后，司机将它发到网上。网友们如潮的赞赏，更是将衢州的“礼之名片”擦得亮光闪闪！亲爱的姨娘，看到这样的场面，您觉得感动吗？

还有呢，亲爱的姨娘，您知道“衢州冰柜”的事吗？每个城市都有一群被称作“城市超人”的人，他们不分昼夜寒暑为了居民的幸福生活而努力工作，市民们看在眼里、暖在心间。得知环卫工人、外卖小哥……在近40℃的高温中忙碌，有时连瓶降温消暑的水都无法获得，志愿者与热心的市民们便在街头立起了“水柜”，大家纷纷献出自己的物品：一个大人将一箱冰棍整整齐齐地摆放进柜子；一个家庭主妇将自己做的冰镇“绿豆汤”放了进去；一个小朋友买了一根棒冰放入，看似微不足道，但这是他这个星期挣的全部“工资”

了！几个满头大汗的妇女拿了棒冰刚要“动手”，猛然发现这是给“城市超人”准备的，想想自己没什么贡献，便又放了回去……大家都这样以礼待人，让“城市超人”们十分感动，更努力地工作回报这个城市。难道这不是又一片“发光叶片”吗？

如果说，这些都是别人的叶片，我怎能落下？我也用实际行动证明——我是“文明人”，我也有“发光叶片”：一天下午，我走在回家的路上。突然，我看见一辆共享单车倒在路旁，我想都没想，径直走过去，俯下身，将它扶起来。我相信这一细微的动作也许没人看见，可是，这毕竟也是“礼”的一种体现，古人云：“勿以恶小而为之，勿以善小而不为。”须从小事做起，您说呢？

正是因为市民、红马甲的保洁员……大家一起努力，“制作”出“发光叶片”——那些“叶片”包括我耳闻目睹的，以及默默中发生的。正是因为这些叶片组成了一棵“衢州有礼”的大树，若我们一同努力，相信它会开出美丽的“花朵”！希望您能来感受一下这座古老城市的新魅力！

此致

敬礼！

您的外甥：听听

2018年8月21日

偶试小说

一元硬币历险记

银行里，一元硬币二十个裹成一团，躺在密不透风的牛皮纸里。它们挤在一块儿，前胸贴后背，又挤又闷。其中一个十分不想待在那里，它盼望着有一天能离开。有一天，菱湖书店的老板娘来换硬币了，一元硬币一听，兴奋极了，它祈祷着，希望自己能被换走，离开这"该死"的地方！老天爷显灵了，它如愿以偿——被换走了。

一元硬币被换走后，老板娘拆开了牛皮纸，它重见了天日。牛皮纸里没有阳光，现在光线太强了，它有些不适应。渐渐地，它觉得光线不那么强了，便放下双手，睁开眼睛，环顾了一下："哇，这么多好东西！玩具、食物，还有可擦笔！"它感叹着，"外面的世界真精彩！"这时一个可爱又漂亮的小女孩儿走了过来，一元硬币看见了，好喜欢她，脸红得像喝醉了酒的人。小女孩儿说："阿姨，我想买支中性笔。"菱湖书店老板娘接过钱，竟将这枚一元硬币找给了她，小女孩儿小心翼翼地接了过去。一元硬币躺在小女孩儿那温暖的手心里，舒适极了！它乖巧地待着，任凭她摆弄。

可是，好景不长，小女孩儿实在善良，遇见了一个乞丐，见他衣衫褴褛、蓬头垢面，可怜极了，便拿出一元硬币送给了他。一元硬币大喊："姐姐，你为什么要丢下我？"可是没用，小女孩儿头也不回地走了。一元硬币躺在乞丐污浊的手中，仿佛被万箭穿心了。

乞丐见有了钱，便赶紧跑到菱湖书店，在食物区精挑细选了一番，最终，选中了热狗，将一元硬币递给老板娘。就这样，一元硬币又回到了菱湖书店老板娘的背包里。

这天，老板娘外出散步，走着、走着，她发现一个地方在搞促销活动，一块钱两支牙刷。老板娘打开钱包想取钱，一元硬币太着急了，一翻身掉了出来，落入了下水道。她在地上看来看去，也没有发现一元硬币。她想：算了，就一块钱，没什么的，一天我能赚好多个一块钱的！此时，可怜巴巴的一元硬币正在下水道被臭虫围观呢！一元硬币对着天空，不满地喊："老天！为什么要这样对待我！"

真是一个可怜的一元硬币啊！

吹治递广场上的琴童

夜半之时，寒风无情地呼啸着。吹治递广场已进入了沉睡之中。

准点，他来了，背着小提琴，那琴盒并不算大，但背在他身上就超过常规尺寸了。他太瘦弱了，看上去顶多10岁，用的却是一把成人琴。他放下琴，微微叹了一口气，小心翼翼地取出那把破旧的小提琴，抚了抚。他为什么来这儿？罗斯大剧院——这座城市的地标建筑，那里经常有大型的音乐会，可他进不去，几次想混进去，都被拎了出来。只有夜深人静了，才有他的空间，他想象自己进了剧场，在舞台中间……默默地祈祷一会儿，在轻柔的月光下，他开始练习白天听到的乐曲。这是他今天最大的收获，在书院的东墙下听到这一段，而且听得这么清楚。这一段他已经练习了很久，怎么也练不好，今天一听，茅塞顿开。他兴奋得一遍又一遍地重复着……

其实，他已经14岁了，很小的时候就没了父母，这把小提琴是唯一的遗产，他爱音乐，听几遍就会。虽然拥有比常人更高的音乐天赋，但他却始终拉不好。他多希望有人能教教他。可现在……唯一的依靠——奶奶也死了。白天，他只能在码头等待，接一些人家不愿意干的活儿，可身子太弱了，上个月，差点就病死了。真不知还能不能让自己活下去。拉琴，明天，我来这儿拉琴赚钱。他太高兴了，仿佛看到了满满的一碗钱。买点什么呢？面包，对，有馅儿的面包……他兴奋得脸都红起来。他给自己改名叫霍普（hope）含意就是希望有这样一天能够来到！

第二天，他一早就来了，忘情地拉了一个早上，没有任何一个人愿意给予他一分钱。快中午了，他仍十分耐心地拉着，指望有人能赏识他。虽然，他能完整地拉出来的只有这一首曲子，他觉得拉得还不错。要知道，这些都是他十多年来，东一段、西一段学来的，昨天，第一次听到了完整版的。“要是今天……还能听到别的曲子……那多么好！”他正思绪飞扬，突然感觉有人在钱盒里放钱了，激动得他手指微微颤动了一下，破了个音。很快，他冷静下来，更卖力地拉起来。“快，快，执法队来了。”一阵纷乱，他还没搞清状况，已被四五个穿制服的人围住。这下，他明白了，在码头他也经常被这样的人赶来赶去，有时一天就白干了。他一眼瞥见，其中一个端走了钱盒，他要去抢回来，50元啊！就在这时，有人从他手中抢琴。“不，不能这样！”他有些绝望，抱紧琴就跑，“嘣——”什么断了？不管，他继续跑。

总算逃脱了。琴盒？还在广场上。现在肯定没有了。他再一看琴，妈呀！断了一根弦。他无力地缩在墙角抽泣起来。突然，熟悉的音乐响了起来，他定睛一看，自己怎么跑到昨天听琴的地方来了。是啊，有什么好哭的，琴，不是还在吗？弦也不是大问题，下午去六处垃圾场碰碰运气，也许就像上次一样！就算找到合用的替代物也行。再说今天断得巧，就只用三根弦，我一样能拉。只求老天保佑它们可以用得久一点儿，再久一点儿……他用心地祈求一番，心情好多了。可是，我下一次能去哪里拉琴呢？他想起自己曾经到大排档拉琴，被撵，被打；想起在音乐学校偷听被当小偷抓走……一幕幕往事，像疾风骤雨击碎了他最后的一点儿希望。他忍不住放声大哭起来。

突然，他像一只小鸡一样被人拎了起来，他不想反抗，反正他再挣扎再努力，命运都不会再给他希望了。他想到给自己起的名字霍普，苦笑了下，重重地叹了口气。一个尖锐又带着几分低沉的声音："就你这样除了叹气就会哭，也配玩乐器之王？"人家怎么骂他都行，唯独不能亵渎他对小提琴的爱。霍普生气地反击："你又不知我的处境，凭什么乱说……"他一抬眼，看见说话的是位清瘦的老人，本想骂回去的那些话就咽下去了。那位老者冷笑了一声："哼！我受过的苦难比你的多多了，我从不叹气，也从不放弃！"霍普听老者如此铿锵有力的话语，不禁仔细看了看他：头戴圆边高帽，身披正装西服，脚踩白色皮鞋。干净利落，虽年老而气不衰。霍普想起了奶奶，忍不住把所有的苦水都一吐为快。

“嘿，原来就这么个小困难，”老者悠悠地说，“我，虽不是顶级音乐家，却也颇懂些，你可以住在这里，和我一起探讨探讨！”霍普觉得给自己起这个名字真是太英明了。绝处逢生啊！他跪下去对老者一谢再谢。

往后的日子中，霍普仍旧白天去码头接活儿，晚上到老者家会合。说是探讨探讨，老者却如教师一般带着命令的口吻指导霍普练琴，一个月过后霍普的演奏水平上升到了一个崭新的阶段。老者要他从此白天在家练琴，晚上上学，并说练得好，以后就能以琴谋生。这不正是自己梦寐以求的吗？他从此每天只睡3个小时，其他时间全花在学习、练琴、琢磨乐章上了。手肿了、脖子上皮磨出血也不在意。

转眼间，两年过去了。这天，霍普像往常一样，练完了练习曲，分析好新曲，就等着老者出现。可一个小时过去了，依然不见人影。“你是霍普？克里斯·霍普？”一个陌生人闯进来。霍普吃了一惊：“是的……”“快跟我走！”那人不由分说，拉着霍普到了德利医院的病房。

“斯科夫先生！您……您怎么了？”霍普见老者仰卧在病床上，脸上毫无血色，失声叫道。

“对不起，我……失约了……”老者吃力地睁开眼对霍普说。

“没有关系，等您好起来！有的是时间！”

“不，我……要走了……就是……不放心你……要坚强……好好拉琴。”老人无力地合上了眼。医生、护士一阵忙碌，可已回天乏力。葬礼上霍普才知道，老人是音乐家罗斯·斯科夫。广场上的大剧院就是他开办的。

“霍普先生，我是罗斯先生的律师。罗斯先生将罗斯剧场的所有权捐赠给霍普斯孤儿院，将它的经营权转让给了您。也就是说从现在开始，您将替代罗斯先生出任剧场经理，剧院收入的30%归您支配，30%作为租金给霍普斯孤儿院，还有40%作为基金用于剧院维护与运营，我们需要办个继承手续。”霍普惊呆了，他现在才知道，为什么斯科夫先生从去年开始要他学习经营管理学了。他稀里糊涂地签了许多字，还没能清醒过来……